Eisbeinfliegen im Weltall
Brusthaare und Drohbriefe

AF145985

Robert Zobel

Eisbeinfliegen im Weltall
Brusthaare und Drohbriefe

Bibliografische Information durch
Die Deutsche Bibliothek:
Die Deutsche Bibliothek verzeichnet diese Publikation in
der Deutschen Nationalbibliografie; detaillierte
bibliografische Daten sind im Internet über
http://dnb.ddb.de abrufbar.

ISBN 9783738633337

Die schwule Bande

Der grauhaarige Rentner Hulle Mulle und sein blonder
Lebenspartner Joachim Stütze sitzen auf zwei umgedrehten
Eimern und trinken selbst gemachten Brennnesseltee. Nach
der zweiten Tasse streift sich der Blonde ein Kondom über.
Er dirigiert seinen Penis in den Rentner und streichelt ihm dabei
seinen Rücken.

"Was soll das denn", fragt Hulle.

"Ein Rücken kann auch entzücken. Gerade bei so einem
entzückenden älteren Herren, wie Du mal einer bist",
antwortet er.

Nach der Teestunde packt er sein Gemächt wieder ein, Hulle
zieht die Hose hoch und die Eimer werden zum Abschluss als
Pissoir genutzt. Sie verlassen das Abbruchhaus in der Bobitzer
Klappradstraße 12 und fahren mit dem Klapprad nach
Schwerin. Am Schloss erwartet sie bereits ein Mann, ebenfalls
mit genug Kondomen bestückt, um Afrika Aidsfrei zu machen
oder besser geschrieben, die Seuche zu bannen. Zusammen
fahren sie in einem gelben Fiat Panda weiter nach Pönitz. Hier
steigt auf einem Rastplatz ein vierter Fahrgast ein. Auch er
duftet gewaltig nach Gummi.

Kurz vor 19 Uhr - es war am 24.12 letzten Jahres - hält der Fiat
vor der Pönitzer Gemeindekirche. Vier nackte Gestalten mit
Alditüten voll unbenutzter Überzieher, schon
gummipräparierten Piephähnen stürmen den Innenraum.
Der blonde Stütze läuft nach vorne zum Altar, präsentiert sein
erigiertes Glied und schreit: "Überfall! Wer sich nicht sofort
hinlegt, stirbt!"
Vierzig Gläubige und zehn Geistliche werfen sich auf den
kalten Kirchenboden. Ein Priester fällt in Ohnmacht.

Ein zweiter Nackter steht an der Kirchentür und sichert so die
gesamte Aktion. Der dritte stülpt ein paar Geistlichen
Lümmeltüten über die Lustkrisengebiete. Eine ganze Stunde
lang wird benötigt um alle Anwesenden mit Kondomen
auszurüsten. Man hört Gummi quietschen. Sonst ist es ruhig.

"So, macht fertig", ruft der Mann an der Tür. Mit leeren

Plastiktüten springen die vier auf die Straße. Hulle befestigt noch ein paar Gummis an einem Stein und wirft diesen aufs Kirchendach. Dann rast der Fiat davon. Das Auto taucht im Straßennetz unter.

In der Nacht sitzen die vier, noch immer nackten, Männer in einem Haus in dem Dorf Frackelzwenk auf umgedrehten Kochtöpfen. Sie fassen sich alle an den Händen und grinsen bis über beide Ohren.

Orthopäde

Gerade war ich mit meinem Sohn beim Orthopäden. Neuland für mich. Ich kann mich nicht erinnern, dass ich schon mal bei einem war. Ich glaube, ich war mal mit einer Exfreundin bei einem, weil sie vom Stöckelschuhtragen eine Klumpferse bekommen hatte oder so. Da musste ihr dann ein Stück weggeschnitten werden, wie bei Aschenputtel. Wobei, vielleicht verwechsele ich das gerade mit einem Chirurgen. Mit 12 oder 13 oder 14 oder 11 habe ich mir einmal einen Arm gebrochen, weil ich cool von der Schaukel abspringen wollte. Dabei verhedderte ich mich in ein paar Luftwirbeln und kam mit den Händen statt mit den Füßen auf. Bin ich dann nicht automatisch beim Orthopäden gewesen? Macht der auch diese Gipssache? Keine Ahnung, auf jeden Fall kann ich mich nicht daran erinnern, schon mal da gewesen zu sein.

Wäre ich es, wäre ich wahrscheinlich nicht so endlos verblüfft gewesen. Der Warteraum war prall gefüllt mit Außerirdischen. Das wird mir niemand glauben, aber ich habe es gesehen. Völlig unkontrolliert haben die sich bewegt. So, als würden die durch einen Dimensionssprung im Behandlungsraum landen, ihrem Oberkommandeur Treue schwören und sich dann ins Wartezimmer setzen damit sie von den echten Alibimenschen/uns lernen können, wie man sich denn so als Mensch bewegt. Mir gegenüber saß eine ältere Rothaarige, die mit ihrer Zunge lasziv über ihre Lippen fuhr, als ich sie ansah. Das hat sie wirklich gemacht und es hat auch wirklich nicht gepasst. Das muss sie in irgendeinem Film gesehen haben oder so. Vielleicht hat ein Baby aber auch wirklich eine ganz überdeutliche Wirkung auf Außerirdische. Oh Gott, genau, vielleicht meinte sie nicht mich, sondern hat nur darauf gewartet, dass ich das Baby nicht beachte, um es mit einem fürchterlich schnellen Happs zu fressen.

Komisch, war auch die Vielzahl der Illustrierten, die auslagen. Das waren sicherlich 25 verschiedene. Woraus lässt sich mehr über die Menschen lernen als aus solchen Heften. Keiner hat gesprochen, alle haben nur uns angesehen und sind durch die Gegend gestelzt.

Ich habe jetzt Angst, dass ein paar Menschen gar keine Menschen sind. Ich müsste morgen noch einmal nachschauen, ob da die gleichen Leute noch sitzen. Dann hätte ich herausgefunden, dass diese Orthopädie ein Ausbildungscamp für außerirdische Agenten ist. Was würde ich dann tun?

Genau, meinen Freund und Mitliteraten des BND anrufen und dann eine Atombombe über der Scheiße abwerfen lassen. Ich bin gespannt auf Morgen und werde dann mal versuchen ein Gespräch mit einem Außerirdischen anzufangen.

Hallo. Sie waren doch gestern schon da.

Hmjuk

Wie bitte.

Heite.

Ja, heute sind sie wieder hier. Und jetzt runter auf den Boden, Du Ausgeburt des Alls, Hosen runter und die Fühler in die Höhe.

Und dann mal gucken. Entweder lande ich bei meiner Mutter in der Nervenklinik oder Schulen und Orthopädiepraxen werden nach mir benannt.

Stützes Tagebuch 1

20.06.98
Doris hat angerufen. Hab nicht abgenommen. Nur sie hat die Nummer!!

21.06.98
Seit gestern schreib ich Tagebuch. Ganz schön stressig. Papier wird knapp.

22.06.98
Aufgestanden, Heizung ab und wieder angebaut. Todesanzeigen gelesen und einen riesigen Brocken Popel aus dem linken Nasenflügel geholt.

23.06.98
Heut morgen gedacht, ich habe einen Tumor, aber es war nur ein Muskel. Auf meine Jacke hab ich eine Russlandflagge gestickt. Doris kam vorbei. Hab nicht aufgemacht. Schulde ihr noch 200 Mark.

24.06.98
Haare mit Kartoffelmesser geschnitten. Eine tote Katze im Briefkasten gefunden. Doris?

25.06.98
Heut schreib ich nichts hier rein!

26.06.98
Paketbote hat bei mir Paket für Nachbarin abgegeben. Die Jeans passen mir nicht.

27.06.98
Wollt endlich wieder raus, blieb dann aber doch und verlor bei Jeopardy. Hatte schon 1000 Mark zusammen gehabt. Dabei ist Geruchsentferner in der Küche doch ein Fenster?

28.06.98
Brief vom Sozialamt. Waschmaschinenzuschuss wird abgelehnt, da ich schon eine habe. Wollte heute Angeln gehn, doch der Brief zerstörte alles.

29.06.98
Keine Cola mehr im Haus. Morgen muss ich wohl einkaufen.

Vorher muss ich mir aber noch irgendwie Geld beschaffen. Blut im Stuhl gehabt.

30.06.98
Beim Nachbarn eingebrochen und Cola gefunden. Muss mal wieder die Fenster putzen. Seh nur noch Nebel. Blut im Stuhl.

01.07.98
Cola mit Wasser verwechselt. Brrrrr, hoffentlich bekomm ich kein Herpes. Fernseher ins Bad gestellt. Verstopfung.

02.07.98
Doris ist da. Hab ihr meinen kaputten Videorecorder gegeben. Ich sollte mich waschen, sagte sie.

03.07.98
Doris hat hier geschlafen. Nicht mit mir. Als sie ging, hat sie die Tür aufgelassen und 10 streunende Katzen haben mich geweckt. Muss Müll rausbringen. Hätte auch Doris machen können.

04.07.98
Apfel gegessen und Samen eingepflanzt. Am Abend kein Ergebnis. Alles ausm Fenster geschmissen.

05.07.98
Hähnchen gegessen. Auf Knochen gestoßen. Bauchschmerzen.

06.07.98
Aus Versehen ist das Radio angegangen. Ich hab also noch Strom. Keine Cola mehr und der Nachbar ist weggezogen.

07.07.98
Flasche Cola bei Pizzaservice bestellt. Man war so kulant und hat den Mindestbestellwert auf 2,50 Mark runtergeschraubt. Abends ging ich schlafen.

08.07.98
Doris war bei mir im Keller. Werd mal irgendwann schauen, was sie da gemacht hat. Muss sie das nächste Mal bitten, mir Papier zu besorgen.

09.07.98
Polizei kam vorbei. Stellte Fragen wegen Nachbarseinbruch.

Hab erzählt, dass ich die ganze Zeit mit Thrombose im Bett gelegen habe. Sie gingen wieder.

10.07.98
Heut mal Brot gebacken. Hab Mehl mit Antikalk gestreckt. Abends wurde mir schwindlig und ich hatte Blut im Stuhl.

11.07.98
Im Fernsehen heut Nachrichten geguckt. Ganz schön was passiert in einem Jahr. Doris wird per Steckbrief gesucht.

12.07.98
Zu früh aufgestanden. Einfach wieder hingelegt.

13.07.98
Wollte heute zum Arbeitsamt aber hatte keine Zeit, muss ja in das Tagebuch schreiben.

14.07.98
Bett neu bezogen. Ungewohnt. Riecht nach neu. Muss mich erst dran gewöhnen. Werd die erste Nacht im Schlafsack in der Küche schlafen.

15.07.98
Der neue Nachbar hat mich mit einer Bohrmaschine geweckt. Werd mich irgendwann mal beschweren. Werbung vom Briefkasten in den Müll geschmissen.

16.07.98
Zwei alte DDR-Geldstücke beim durchforsten meiner Brieftasche gefunden. Wenn man einen Hammer und einen Nagel nimmt, kann man mit Schlagen seinen Namen eingravieren. Ganzen Nachmittag geübt.

17.07.98
Hat geregnet. Hab die Fenster zugemacht und dabei bemerkt, dass sie schon zu sind. Bisschen Angst wegen Kugelblitzen gehabt.

18.07.98
Mein grüner Fisch hat Schwanzprobleme. Irgendwer oder was frisst nachts seinen Schwanz an. Werd es weiter beobachten.

19.07.98
Doris hat angerufen und ich hab im unüberlegtem Affekt den

Hörer abgenommen. Sie fragt, ob ich mich schon gewaschen habe.

20.07.98
Hab mich gewaschen. Dunkles Badewasser.

21.07.98
Küchenstuhl Rot/Braun angemalt. Farbe ist dabei auf eine Herdplatte getropft. Dämpfe bildeten Tropenwälder. Bin wirr in Ohnmacht gefallen. Beule am Kopf.

22.07.98
Beule gekühlt. Toten grünen Fisch weggeschmissen. Doris angerufen und erzählt, dass ich mich gewaschen habe.

23.07.98
Seit langem mal wieder Frühstück. Brot. Mhhhh. Doris kam und wir schliefen in der neuen Bettwäsche. Sie sagte, 'ich mach mich' und ich verstand, 'ich mag mich' und gab ihr Recht.

24.07.98
Doris wollte am Morgen Brot holen. Hab die Tür hinter ihr zugeschmissen und sie nicht mehr reingelassen. Hatte schon am Tag zuvor Brot gehabt.

25.07.98
Brief vom Arbeitsamt. Ne Einladung für ein Gespräch. Stress.

26.07.98
Draußen hupte ein Auto. Hat Doris ein Auto? Ich hab nich rausgeguckt.

27.07.98
Seitdem mein Fisch tot ist, züchte ich im Aquarium Wasserpflanzen. Ein schönes Hobby.

28.07.98
Aquarium samt Pflanzen in Scherben zerhauen und dann alles ins Klo gekippt. Klo verstopft!!

29.07.98
Klempner kommt und verletzt sich arg an den Glasscherben. Krankenwagen und neuen Klempner gerufen. Klo wieder heil.

30.07.98

Unterm Bett aufgeräumt. Kondome, 20 Mark und alte Joghurtbecher gefunden. Abends mit 'ner Lampe Schattenfiguren gemacht.

31.07.98
Durchfall. Musste Fenster öffnen. Der Straßenlärm war fast nicht zu ertragen. Nach 2 Stunden konnte ich das Fenster wieder zumachen.

01.08.98
Geschirr muss abgewaschen werden. Wäre nicht unschön, wenn Doris kommen würde. Meine Nägel muss sie mir auch schneiden.

02.08.98
Der Schmutz unter den Nägeln schmeckt würzig. Zufall? Kann ich damit mein Essen würzen?

03.08.98
Kaktus abgekackt. Denk, die brauchen kein Wasser.

04.08.98
Hab mich heut im Spiegel beim Lachen entdeckt. Total erschrocken. Mein Stuhl war heute dual. Braun und Schwarz.

05.08.98
Geträumt, es sei Krieg. Ausm Fenster geguckt. Steht noch alles. Gott sei Dank.

06.08.98
Meinen Doktor angerufen, wegen den Stuhlproblemen. Er meint, ich solle an die frische Luft. Mag nicht, zu viele Menschen draußen.

07.08.98
Ganzen Tag darüber den Kopf zerbrochen, ob ich einen Sohn oder eine Tochter habe.

08.08.98
Um 9:00 Uhr aufgestanden. Ganzen Tag Tauben mit Luftgewehr von den Dächern verscheucht. Doris war wieder im Keller. Was sucht sie bloß?

09.08.98
Wollte heute nach Bonn wandern, aber das Telefon klingelte.

Hab kein Papier mehr!!!

Stützes Tagebuch 2

01.09.1998
Doris hat Papier gebracht. 50 Pfennig hat sie mir für ein Blatt abgeknöpft. Kein Geld gehabt. Mit auf meine Schuldenliste bei ihr gesetzt. Nachts war es kälter als am Tag. Thermometer ganze Nacht beobachtet.

02.09.1998
Versucht, ohne Schlaf auszukommen. Mittags eingeschlafen.

03.09.1998
Bald ist Weihnachten. Doris wünscht sich von mir die Begleichung meiner Schulden. Stresserin!!!

04.09.1998
Überlegt, eine Familie zu gründen, dann aber doch gedacht, dass ich dann für die bezahlen müsste. Blöder Gedanke!! Bin heut bei offenem Fenster eingeschlafen.

05.09.1998
Meine Zähne total gelb und braun. Habe das Gröbste mit einem Handtuch abgerieben. Das kann ich jetzt wohl wegschmeißen oder Doris hinlegen. Tuch hat nun andere Farbe: Zahnfleischbluten

06.09.1998
Heizungsableser hat mich durch Klingeln geweckt. Hab nicht aufgemacht, denn ich hatte die Heizkörper einfach abgebaut und neben mein Bett gestellt, weil das Fenster ja auf war. Doris hat mir Flöhe mit ins Haus gebracht. Ein Floh sprang eben von diesem weißen Papier, auf dem ich gerade schreibe, in mein Gesicht. Der Spiegel ergab, dass er da aber nicht mehr sitzt.

07.09.1998
Pilze aufm Balkon gesucht. Kein Erfolg. Abends Kerze umgestoßen und versucht, die Flecke ausm Teppich mit Löschpapier und einem Bügeleisen zu bekommen. Habe erst später bemerkt, daß das Bügeleisen aus war. Früh schlafen gegangen und von Arbeit geträumt. Fürchterlicher Albtraum.

08.09.1998

„Echo der Frau" aus Nachbarsbriefkasten geklaut. Frauen nicht mal nackt. Stunden mit Rätseln verbracht.

09.09.1998
Hab mich gewogen. Muss unbedingt schwerer werden. Warum, weiß ich auch nicht, aber man muss ja ein Ziel haben.

10.09.1998
Versucht, heute Früh mit kleinen Legofiguren Menschen zu treffen. Nach einem Treffer hab ich mich dann immer hinter der Gardine versteckt. Hat mich an Klingelstreiche erinnert.

11.09.1998
Heute mal rasiert. Die Stoppeln sehen aus wie kleine schwarze Fische. Schade, dass ich das Aquarium nicht mehr habe.

12.09.1998
Kleiderschrank aufgeräumt und ein zweites Paar Socken gefunden. Mühe gehabt, die Socken zu wechseln, weil die alten schon eingewachsen waren.

13.09.1998
Brief von SKL. Ich hätte 2 Millionen gewonnen. Hab da angerufen und man sagte mir, dass ich erst ein Los kaufen müsste. Werd die verklagen.

14.09.1998
Rechtsanwalt angerufen, aber der wollte Geld. Vor lauter Stress habe ich wieder Verstopfungen bekommen.

15.09.1998
Eine Madonnenstatue im Traum mit einer Motorsäge zerschossen. Ganzen Tag schlechtes Gewissen gehabt. Am Abend das erste Mal in meinem Leben gebetet.

16.09.1998
Polizei war im Keller. Ist Doris Polizistin? Muss sie mal fragen. Hab mir Ersatzcola besorgt. Selters! Schmeckt auch nicht so eklig süß.

17.09.1998
Vorm Spiegel geübt zu lügen. Ich wusste jedes Mal, wann ich lüg und wann ich nicht lüg.

18.09.1998

Bauch tut weh. Kann keinen Stift halten. Habe Doris angerufen, damit sie vorbeikommt und sich kümmert.

21.09.1998
Konnte nun 3 Tage nicht ins Buch schreiben. Hatte Verstopfung. Doris ist wieder weg. Hab vergessen zu fragen, ob sie Polizistin ist.

22.09.1998
Habs mir heute selbst gemacht und dabei meine Hand beschmutzt. Hab gewartet, bis es getrocknet war und hab es dann auf den Teppich rieseln lassen. Am Abend war es immer noch da. Sternschnuppe gesehen und gewunken.

23.09.1998
"Geh aufs Ganze" geguckt und immerzu verloren. Über die Welt nachgedacht und dann eingeschlafen. Abends wieder aufgewacht, Selters getrunken und weiter geschlafen.

24.09.1998
Mein Vermieter wollte sich die Wohnung heute anschauen. Hab mich tot gestellt. Muss unbedingt aufräumen oder Doris anrufen. Würd mal wieder gerne in den Park, aber dann müsste ich ja raus. Unschöne Vorstellung.

25.09.1998
Morgens, es war noch dunkel, gedacht, das Zimmer sei schwarz gestrichen. Erleichterung, als die Sonne aufging. Heute standen Vermieter und Heizungsableser gleichzeitig vor der Tür. Kampfhundgebell nachgemacht.

26.09.1998
Doris kam und hat aufgeräumt. Als ich sie beobachtete, wie sie das Haus verließ, sah ich, dass sie die Straßenbahn nahm. Sie hat also kein Auto.

27.09.1998
Heute Vermieter reingelassen. Er wollte mal schauen, ob alles beim rechten sei. Hab ihm nichts angeboten, weil Doris noch nicht eingekauft hat. Vermieter erklärt, dass die Dielen knarren wie ein Kampfhund.

28.09.1998
Heut einfach mal in Hamburg angerufen. Auch nur Menschen da. Langeweile bis abends, dann endlich eingeschlafen.

29.09.1998
Entschlossen, wieder ein paar Tage Tagebuchurlaub zu
machen. Artet ja in Arbeit aus!!

Stützes Tagebuch 3

05.10.1998
Na ja, Urlaub war das ja nicht gerade. Habe die ganze Zeit
überlegen müssen, ob ich doch in den Park gehe. Man müsste
den Kopf abschalten können.

06.10.1998
Stumpfes Messer immer wieder geschliffen. Werd es
wegschmeißen. Heute mitbekommen, dass ich meine Klingel
abschalten kann, indem ich den Stromkreis unterbreche.
Keiner kann mich nun durch morgendliches Klingeln wecken.

07.10.1998
Herdplatten am Morgen mit Tuch abgewischt. Dabei bemerkt,
dass auf den Platten alte Pfannen standen. Würde gerne mal
in Norwegen auf Jagd gehen, aber ich hab ja gar keinen
Schein. Abends Selters getrunken und dann beduselt
eingeschlummert. Vorher Klingel abgeklemmt.

08.10.1998
Vor meiner Tür fand ich heute 2 kleine Flaschen Magenbitter.
Drumherum ein rotes Bändchen. In meinen Ausweis geschaut.
Hab aber nicht Geburtstag! Einfach ausgetrunken und leere
Flaschen auf Passanten geworfen.

09.10.1998
Um 12:00 klingelte es an der Tür. Junger Typ wollte mir
Zeitschriften andrehen und meinte, er komme ausm
Gefängnis. Hab ihm meine Wohnung gezeigt. Er war schnell
wieder weg. Doris rief noch an. Wieder vergessen zu fragen,
was sie im Keller sucht.

10.10.1998
Mit Radiergummi und Bleistift zu Gange gewesen. Böse
Gesichter auf die eigene Badtür gemalt. Sieht ganz gut aus.
Mein Urin roch nach Esel. Ist die Selters schuld? Überlegt, ob
ich meinen Arzt anrufe, dann aber doch nicht gemacht.

11.10.1998
Probleme mit dem Telefonieren gehabt. Finger waren heut früh dick geschwollen. Mittags wieder normal. Messer wieder ausm Abfall geholt, da es das einzige ist.

12.10.1998
Milch und Nüsse gegessen.

13.10.1998
Mit Doris Tarotkarten gelegt und gewonnen. Doris blieb bis Mittag. Sie meint, ich habe mich verguckt. Sie wisse gar nicht, dass ich einen Keller habe. Klang nicht sehr ehrlich. Werd mal irgendwann runtergehen.

14.10.1998
Taxi hielt vor meinem Haus und mein Nachbar stieg aus. Bin schnell aus seiner Badewanne und wieder in meine Wohnung. Musste mich am offenen Fenster trocknen, da ich kein Handtuch im Haus hatte.

15.10.1998
Schönes Wetter draußen. Irgendein Lied gepfiffen. Vögel haben mich dumm angeguckt. Wieder mal Luftgewehr hervorgeholt.

16.10.1998
Mit selbst gebasteltem Fernglas streunende Katzen beobachtet. Dabei das Essen vergessen. An alle Katzen Namen verteilt. Sollte ich mal wieder rausgehen, werde ich alle beringen und ihnen Sender in die Bäuche implantieren. Als es dunkel wurde, konnte ich nichts mehr sehen und hab dann doch Hunger bekommen.

17.10.1998
Morgens gedacht, Millionen von kleinen interplanetarischen Flugkörper haben mein Bett umstellt. Bei näherer Betrachtung gemerkt, dass es Staub war, der von der Sonne angestrahlt wurde. Noch mal Glück gehabt.

18.10.1998
Buch über Essen gelesen. Jetzt hab ich Hunger, doch ich hab nichts hier und der Nachbar ist auch da. Gut, das Doris nicht hier ist. Hätte kein Problem damit sie aufzufressen.
19.10.1998
Nachbarn Schokostreusel und Sahne geklaut. Mhhhh. Hälfte

20

der Streusel aus Versehen aufn Teppich gekippt. Hab sie vom Teppich gepickt, wie Hühner es mit Korn machen. Der Mond kommt der Erde immer dichter. Irgendwann wird er auf mein Haus stürzen. Mein Haus, was für ein Traum.

20.10.1998
Stuhlgang gelblich und sehr dünnflüssig. Füße mit Butter bearbeitet. Doris hat angerufen. Nur Sinnloses erzählt. Sie habe eine neue Arbeit und so weiter. Mir doch egal. Habe nachts mal das Licht angelassen.

21.10.1998
Anzeigen in der Zeitung angeschaut und Nummer angerufen, die 10 000 Mark im Monat für Wundertüten füllen verspricht. Erst nach dem Band gemerkt, dass der Anruf mich 5 Mark gekostet hat und dass auf dem Band nur ein paar Adressen genannt wurden. Betrug. Genauso wie bei SKL.Doris meint, man sehe das an der Vorwahl. Mist.

22.10.1998
Mundwinkel eingerissen und schaler Geschmack im Mund. Wandel ich im Schlaf und wenn ja, wohin?

23.10.1998
Aus undenkbarem Grund einfach Bäcker gegenüber angerufen und verflucht. Konnte sein mehlfarbenes Gesicht dabei beobachten. Doris konnte ich nicht anrufen. Geht ja nun arbeiten. Die Arbeit raubt meine Vertrauten.

24.10.1998
Mutter ist tot. Nun seit 5 Jahren. Weiß gar nicht, wie ich mich verhalten soll. Kann ja sein, dass sie mir zuguckt. Habe einen Pseudoaltar mit Mutterfoto nebens Klo gestellt. Hab auch ein paar mal zu Ehren meiner Mutter gelächelt. Hätte ich weinen müssen?

25.10.1998
Irgendwo ist ein Flugzeug abgestürzt. Konnte aber nicht mehr hören wo, denn ich hab den Fernseher ausgeschaltet. Ganzen restlichen Tag mit Mikado amüsiert. Immer wieder neu aufgebaut und weitergemacht. Muss ich mal mit Doris spielen.

26.10.1998
Bin in die NPD per Brief eingetreten. Die Ausländer nehmen uns ja die Sozialhilfe weg. Eigentlich hab ich nichts gegen

21

Ausländer, aber die können ruhig arbeiten gehen. Nur weil die da sind, hab ich nur 500 Mark Sozialhilfe.

27.10.1998
Doris heute mal auf unarische Merkmale untersucht und dann den ganzen NPD-Scheiß neben den Altar meiner Mutter hingeworfen. Doris ist Türkin. Doris wollte von ihrer Arbeit erzählen, da hab ich sie rausgeschmissen.

28.10.1998
Schlaf im Auge gehabt. Schmeckt wie Popel. In der Küche ein wenig durch die Gegend gewischt.

29.10.1998
Brief vom Arbeitsamt. Soll schon wieder vorsprechen, da sonst mein Arbeitslosengeld eingestellt wird. Gott sei Dank bekomme ich Sozialhilfe. Fühle mich total verfolgt.

30.10.1998
Haben wir schon Herbst? Ganz schon düster heut gewesen. Fühl mich nicht so gut und mein Stuhl war heut wieder gefüllt mit undefinierbaren Einlagen.

31.10.1998
Der Herbst hat mich zu einem Selbstmordversuch getrieben. Doch sich mit einem Gürtel zu erwürgen, ist schwieriger., als ich dachte. Doris kam vorbei und gab mir neuen Lebensmut. Warum sollte die weiter leben und ich sterben? Sollte ich wirklich sterben, soll sie zuerst gehen.

01.11.1998
Heute Gänsehaut gehabt. Darüber Stunden gelacht.

02.11.1998
Tagebuch schreiben wird ganz schön teuer. Nun verlangt Doris für jede Seite schon 1 Mark. Habe das Gefühl, sie nutzt mich aus. Heute mitbekommen, dass die Kirchenglocke immer zur vollen Stunde läutet.

03.11.1998
Morgens sehr oft gegähnt und deswegen weitergeschlafen. Erst um 17:00 Uhr aufgewacht, aber da der Tag sowieso gelaufen war, hab ich weitergeschlafen.

04.11.1998

Wurde im Traum von einem Igel getreten. Überlegt, was das soll. Nicht drauf gekommen. Dusche genommen, da ich mich pellte. Hunger auf Semmelknödel gehabt. Ging aber nicht, Nachbar war da.

05.11.1998
Hab ausm Fenster zum Hof geguckt und bemerkt, dass da ein junger Trieb wächst. Sieht aus wie ein Apfelbaum!! Abends hab ich mich unschicklich berührt und dabei an Frauke Ludowig gedacht.

06.11.1998
Bin aufgewacht und neben mir stand Doris. Sie hatte Papier gebracht und wollte ihre 298 DM. Hab sie rausgeschmissen. Heute wieder gesehen, dass nach Doris gefahndet wird.

07.11.1998
Wollte in den Keller. Im Flur bekam ich Panik und hab die Tür wieder zugeschmissen. Hose im Duschbecken gewaschen. Ganzen Tag halbnackt rumgelaufen.

08.11.1998
Werd nun auf neue Stütze warten müssen. Doris bringt mir kein Papier mehr.

Seit 8 Papa

Es ist 18:32 Uhr alt, also 7 Stunden und 12 Minuten her, dass Finn geboren wurde und sich die Welt verändert hat, weil jetzt noch ein weiteres Augenpaar zuschaut, wie alles existiert.
Um 04:14 wurde Judith nach geplatzter Fruchtblase in den Kreißsaal geschoben, ich kam um 07:20 dazu und fand eine tapfere Fastmama vor, die sich in meine Hand krallte wie eine Bärenfalle in einen Bären.
Die Wehen waren gewaltig und ich war durch und durch hilflos und musste zuschauen ohne helfen zu können. Ich wischte hier und da ein wenig Erbrochenes weg, hielt ihre Hand und motivierte sie indem ich ihr sagte, wie gut sie atmet. Dabei wusste ich gar nicht, ob sie gut atmet. Ich wollte nur irgendwas sagen. Es kamen aber noch schlimmere Wehen. Sie wand sich, aber weinte kein einziges Mal und ich weiß genau, ich hätte es niemals ohne Vollbetäubung nur bis zur Hälfte geschafft.
Dann am Ende sagte die Hebamme dann immerzu: „Ja ich sehe schon die Haare" und es ging nur noch um Zentimeter und dann lag er da. Wie aus dem Fastnichts geschossen lag er da auf dem Bett, schnappte nach Luft und ich überlegte kurz was denn nun los sei und wieso jetzt ein Film eingespielt werde. Das war alles ziemlich irreal. Alle Beschreibungen würden unter der Brücke verlaufen. Nichts kann das wiedergeben.
Auf jeden Fall bekam Judith Finn gleich an die Brust, dann ich an meine milchleere und jetzt bin ich Vater.

Finn wurde in einem Kreißsaalzimmer geboren, das, ausgestattet mit Werken von Gustav Klimt, eine gemütliche Atmosphäre zauberte. Die Hebammen waren wieder total klasse. Das waren wieder ganz andere. Eine lästerte wieder mal über das Monster aus Judiths Zimmer. (Nachzulesen in „5 vor Papa") Sie hasse halt fette Menschen und könnte dieser Frau jede Minute die Fresse polieren. Super Hebamme. Dann wurde aber die Schicht gewechselt und eine hübsche Mariella oder so kümmerte sich um Judith mit den wärmsten Worten. Als es so weit war, holte sie nicht die Ärztin, weil die rabiat sein soll und so verschonte man es, Finn mit einer Zange oder so zu holen.

Finn hat eine wunderschöne Kopfform mit viel Gehirnmasse unter der Fontanelle. Dass er jetzt schon clever ist, hat er schnell bewiesen.

1. Er runzelt ständig seine Stirn und heckt was aus.
2. Wenn ich quieke, quiekt er auch.
3. Er folgt mit seinen Augen den meinen.
4. Er schläft jetzt schon viel, weil er weiß, dass er eh nichts verpasst.

Gesund ist er auch. Von allen möglichen Punkten (30) die man nach der Geburt bekommen kann hat er 28 erhalten. Und zwei Punkte wurden von der Ärztin abgezogen, weil sie eh so pissig war.
Ich habe Finn gleich mit Zärtlichkeiten überzogen. Das Blut war mir egal und ich hab zu keiner Zeit gedacht: Ihhhh.
Er mag es hinten am Kopf gekrault zu werden und wenn man über seine Wangen streichelt, murrt er wohlig. Er hat heute 7 mal gegähnt (ich habe ihn ganz genau beobachtet), einmal seine Windel voll gemacht und einmal versucht meinen Ellenbogen als Brustwarze zu missbrauchen. Finn ist derzeit 51 cm groß und wiegt 3300 gramm. Weiterhin waren alle Schwestern über seine riesigen Füße erstaunt. Also von mir kann er die nicht haben. Nicht, dass Judith doch was mit Bud Spencer hatte. Ich hatte sie da schon im Verdacht und ihn ja sowieso. Na ja, ich sag nur Vaterschaftstest bei Britt.

Nein, ich bilde mir ein, er hat eins meiner Knickohren und ich hab ja auch nur eins. Also mein Knickohr hat er. Klingt hässlich, ist aber süß und erkennt nur ein Knickohrkenner und in meinem Flur hängt zufällig ein Knickohrspezialistendiplom aus Bobitz, das ich erworben habe. Natürlich nicht mit Geld sondern fabelhaftem Wissen. Von Judith hat er die Nase und hoffentlich die braunen, schönen Augen. Wenn man Glück hat wird sich der kleine rote Fleck über der schmalen Lippe zum Leberfleck wandeln und dann hat er auch den von mir. Ist aber egal, was er von uns hat. Wichtig ist, dass er keine Hasenscharte oder zwei Penisse hat. Kurz, dass er geusnd ist, ist das schönste. Wenn so ein kleines Baby im Bauch ist, kann ja wirklich nur vermuten und dann kommt es heraus und alles ist ok. Wobei das Baby hat ja auch was Inneres und das kann wiederum auch defekt sein oder defekt sein. Das ist die Sorge der Eltern.
Übrigens habe ich mir heute nur für einen Moment vorgestellt, dass dem Kind etwas passieren könnte und war allein bei dem Gedanken schon trauriger als bei manchen Menschen die ganz real von mir gegangen sind.

Wir haben jetzt eine totale Verantwortung. Keine leichtsinnigen Drahtseilakte mehr, darauf achten, dass Finn keine macht und zusammenhalten. Aber tun wir ja eh.
Es wird hart, aber es ist schöner.

Verdammt ich bin jetzt ein Papa. Und zwar nun schon seit 8 Stunden und 11 Minuten…

Vaterfragen

Der heutige Tag war ein schwarzer Tag in meinem Leben. Ein gewitterumwobener Berg in einem Feld von Tälern. Ja, genau Tälern und das schreib ich jetzt auch so und wer was dagegen hat, kann gerne an meiner Tür schellen und sich ein paar Backpfeifen abholen. Schöne wunderbar deftige Backpfeifen, die einem Tränen in die Augen treiben und mir wieder ein wenig Freude ins Herz.

Ich bekomme ja bald ein Kind und natürlich wird es gesund, wunderschön und ein Alleinherrscher über die ganze Welt, aber was ist mit dem Erziehungsgeld? Meine Freundin wird ihre Ausbildung weitermachen und ich werde das Erziehungsjahr ausüben. Klingt blöd, kann man besser schreiben, aber mein Hals steht mir zwischen Rumpf und Kopf, ist voller imaginärer Chinaböller und wenn ich jetzt noch darauf achten sollte, wie ich irgendwas schreibe, knallt mir mein Kopf weg und dann kann keiner auf mein Kind aufpassen.

Das Hauptproblem ist, dass ich Geld vom Finanzamt beziehe. Quatsch - vom Arbeitsamt, und das wird irgendwie verrechnet mit dem Erziehungsgeld. Dat wusste man aber vorher nicht und irgendwie würde ich jetzt auch viel lieber arbeiten gehen, aber Judith muss ja ihre Ausbildung fertig machen. Ahhhh, außerdem wohne ich auch nicht in Judiths Wohnung, sondern in Schwerin in meiner eigenen.

Kann ich überhaupt das Erziehungsgeld beantragen, wenn ich gar nicht in der gleichen Wohnung gemeldet bin wie das Baby?

Na ja, ich rufe dann morgen mal das Versorgungsamt an, werde wahrscheinlich danach auflegen, den Kopf schütteln, gegen den Fußboden donnern, indem ich viele Kopfsprünge Richtung Erde mache und dann feststellen, dass ich nichts kapiert habe. Auf jeden Fall brachte das der Anruf heute beim Arbeitsamt.

Die Broschüre des Bundesministeriums „Erziehungsgeld, Elternzeit" hat wunderbare Buchstaben im Innenleben. Ja, und ganz wunderbare Bilder mit kleinen Babys drauf, die unter den Achseln in die Höhe gehoben werden. Babys, die sich Finger in den Mund stecken und lächeln und, und, und.

Die Wörter, die dazwischen auftauchen, ergeben sogar vollständige Sätze, aber die kommen in meinem Kopf nicht an und beantworten meine Fragen.

27

So, ich mach mal Pause. Ich geh mal kacken und bin gleich wieder da. Im Fernsehen läuft gerade Heidi Klums Topmodels und meine Frau, die da gerade keine Chancen hätte, liegt hinter mir im Bett und spielt mit dem Babybauch. Wir haben vorhin flauschige Bälle gekauft, die klingeln können und die legt sie auf den Bauch und Finn (so wird der Junge heißen) stösst ihn herunter. So ich muss dann mal. Bis gleich. Nicht einschlafen, nicht einscheißen, vielleicht auch aufs Klo gehen. Soll wahre Darmwunder bewirken.

Bin wieder da. Jetzt wieder weg und nu wieder da.

Werde ich eigentlich ein guter Vater? Was muss ein guter Vater haben? Am besten ist, dass er nicht behindert ist, denn ein Rollstuhlpapa ist nicht wirklich so gut wie ein heiler Papa. Gut, wenn es um Liebe geht dann schon vielleicht, aber mit einem Rollstuhlpapa Fußball spielen macht wenig Spaß. Auch nicht wenn dieser sich ins Tor stellt und man schießen darf. Auch kann der Papa mit dem Rollstuhl gar nicht ordentlich durchgreifen. Konsequent sein.

„So, jetzt gehst Du aber ins Bett sonst...."

Also ok. Körperlich gesund bin ich erst einmal und will ich ja auch erst einmal bleiben. Hoffentlich will das auch das Schicksal.

Ich werde mein Kind auch fast kaputt lieben, werde die kleinen Füßchen löchrig beißen und ihm jeden Wunsch aus dem Babyschreien herauslesen. Daran wird es nun wirklich nicht hapern und ich denke auch nicht, dass mir Finn auf einmal unsympathisch ist, wenn ich ihn das erste Mal sehen werde. Falls doch werde ich umgehend einen Vaterschaftstest bei Britt machen lassen. Dann noch einen Lügendetektor- und Lackmussäuretest mit Britts Vagina machen.
Ansonsten aber werde ich ein regelrechter FinnBabyStalker sein.

Was brauch man aber noch?

Toleranz falls Finn schwul wird? Ok, alles klar ist gebongt. Zärtlichkeit, um ihn betüddeln wie eine alte Oma? Hab icke.

Ich glaube, ich scheiß mal einfach auf das Erziehungsgeld und freu mich, dass ich so ein guter, passgenauer Papi werde und das wunderschönste Finnbaby haben werde, das es gibt.

Die ersten Zweifelattacken, Niederlagen und Stimmungsschwankungen dann demnächst. Habe die Ehre. Ich bins der erziehende Vater, der sich beim Erziehen selbst miterziehen muss.

Jetzt gehts mir besser.

Schwangerschaft

Was haben Angelina Jolie, Gwen Stefani und Katie Holmes mit meiner Frau gemeinsam?
Begeben wir uns auf den Stuhl, nippen kurz am Wasser und schauen wir in die braunen Augen Günther Jauchs. Was verbindet also diese Frauen? Wir haben noch alle Joker, also ruhig Blut und bloß nicht ausfallend werden. Jauch wird insgeheim schnell wütig und lenkt einen dann ins aus.

A: Alle vier haben einen wirklich lästigen Scheidenpilz?
B: Einen Cousin der aus toten Forellen die Konsistenz von Quallen nachmachen kann?
C: Sie sind alle in Bobitz geboren und verheimlichen das bis jetzt?
D: Sie sind alle von Robert Zobel geschwängert worden.

Uns läuft die Brühe bis ins Wasserglas, das wir vergessen haben wieder abzustellen. Man wird das peinlich. Wenn jetzt die Kamera dicht ins Glas fährt dann sieht sie sicher wie das Wasser leicht gelblich wird. Aber ich weiß es ja.
„D" rufe ich und da hilft auch kein Kopfschütteln von Günther.

Später werde ich dann den Fragenkonstrukteuren 20 000 € von meiner Million geben. Denen hab ich nämlich gesagt, sie sollen mal diese Frage mit dieser Antwort so annehmen, denn ich sei ja selbst Robert Zobel und auf mich können sie sich verlassen.

Ihnen kann ich es ja sagen. Ich habe nämlich nur meiner Frau ein Kind gemacht. Den anderen Drei hab ich nicht einmal Feuer, Tampons oder das Wasser gereicht.

Judith, so ihr Name, kann jeden Moment wieder dünner werden und das würde sie auch wirklich gerne. Gerade hat sie die ersten und hoffentlich einzigen Risse auf ihrem kugelrunden Bauch entdeckt. Für diese Scheiße bekommt Finn, so wird er heißen, erst einmal zwei Jahre Kinderwagenarrest. Meist schläft Finn im Bauch, so an die zwei Stunden und dann legt er wieder los. Man sieht kleine Fäustchen und Beinchen durch die Bauchhaut drücken und manchmal liege ich daneben im Bett, halte meine Hand darauf und rechne fest damit, dass mir so ein Alienembryo gleich die Hand abbeißt.

Judith lässt nur noch Gas ab. Das ist fast das Gleiche wie ein Naturschatzpark (ha, ha auch ein cooler Park wo die Stadt Geschenke an Bürger versteckt), ich meine Naturschutzpark, in dem sich auf einmal ein Industriezweig hinverlegt. Die Natur ist noch irgendwie ganz schön, aber es riecht irgendwie komisch und man macht da keinen wirklichen Urlaub mehr. Man fährt nur gerne durch.

Wenn Sie Gas lässt, meint sie das, das Finn macht, aber ich misstraue ihr da sehr. Ich kann mir auch kaum vorstellen, dass aus der Fruchtblase heraus Puppse blubbert und dann irgendwie bis in den Darm von Judith kommt. Das kann ich nicht glauben.

Schon morgen kann es wirklich so weit sein. Dann wird die Fruchtblase ein leises „Peng, Blesch oder Pingbumm" machen und das Bett wird nass sein. Judith liegt seit ein paar Tagen nur noch im Bett oder man könnte auch schreiben, sie sitzt seit Tagen auf der Toilette, weil Finn gerne mal seine Füße in ihre Blase steckt und das dann drückt. Wahrscheinlich ist Urin besser als jedes Wärmflaschenwasser.

Wenn das Bett jetzt nass wird müssen wir ganz schnell nach Parchim und uns kurz hinlegen und Finn rausdrücken. Wahrscheinlich dauert das so 30 Sekunden wenn es hochkommt. Ich drück nämlich mit. Ja, wirklich. Ich drücke imaginär geburtstechnisch aber körperlich aktiv an mir mit. Alleine dieser Zusammenhalt wird eine lange Geburt unmöglich machen.

Das hat uns der Metzger von der Ecke Triebtäter aus Bobitz gesagt. Dann hat er sich den Bauch gerieben und gemeint, dass er für seine Würste auch nicht länger braucht. Eine der beiden Auslegungen seiner Worte fand ich sehr eklig.

Wir haben uns für einen Geburtsstuhl entschieden. Da setzt man sich rauf und wie durch Zauberei steht man dann irgendwann auf und jemand anderes sitzt auf dem Sitz. Der hält dann den Schwestern einen nigelnagelneuen Ausweis entgegen und man kann dann „Finn" darauf lesen. Ach das wird ein Spaß und dann gehen wir alle ins Kino und gucken uns Narnia an oder wie das heißt. Ich hoffe mal, dass läuft noch. Weil das wäre ja dann fast wie eine Taufe, weil der Film ja so christlich sein soll. Dann springe ich in der christlichsten Szene auf und schreie ganz laut:

„Ach ja, und so mal nebenbei ich taufe mein Kind jetzt auf den Namen Finn. Weitermachen."

Dann werden zwar alle ganz blöd gucken, aber alle haben ja mal Kinder bekommen und es genauso durchgezogen. Halt nur bei anderen Filmen. Bei mir war es „Plattfuß vom Nil" mit Bud Spencer.

Übrigens glaube ich nicht, dass Finn so aussehen wird wie auf den Ultraschallbildern und wenn, bin ich nicht der Vater sondern eine riesige graue Bohne, die irgendwie durch den Magen in den Eierstock gelangt ist.

Oh, Günther Jauch guckt so komisch. Ach ja, da wartet ja schon die nächste Frage.

Woran erkennt man, dass es einem Kind im Bauch der Mutter gut geht?

A: Es tut der Mutter weh und es geht ihr nicht so gut.
B: Alleine die Tatsache das der Bauch noch da ist, beweist es.
C: Daran, dass es kein SOS klopft.
D: Daran, dass es einen wunderbaren Vater hat, der jetzt diesen Text nicht mehr weiterschreiben kann, weil er jetzt den Bauch massieren muss.

Ich muss dann mal.

Ich gebe mich auf

Ich bin bereit mich für Dich aufzugeben. Gleich morgen früh
gehe ich zur Post und tue es. Dann springe ich aus Deinem
Briefkasten, wenn Du eigentlich mit einer Mahnung rechnest
und verwandele Deine Verblüffung mit meinen Lippen in Gier,
Frieden und Freude. Hoffentlich trägst Du dann nur ein kleines
Hemdchen über Deinen Brüsten dass ich Dir sacht mit meiner
Zunge von Deinen Schultern lecken kann.
Das würde mich innerlich vorfreulieren und somit entfachen.
Ich muss nur schauen, wie ich mich versende. Am besten per
Büchersendung weil das ja gut billig ist, aber die Post macht ja
auch manchmal solche Sendungen auf und dann stecke ich
mir nichts dir nichts in einer hässlichen Postbeamtin und sie
schlingt ihre papierzerschnittenen Arme um mich und lässt
mich nie mehr los. Das wäre blöd, nicht akzeptabel und ich
würde blöd aus dem Umschlag schauen. Ich könnte mir aber
einfach eine ISBN-Nummer auf die Stirn malen, weil ja nur ein
Buch eine ISBN-Nummer hat und somit könnte mir keiner an
die Briefmarke pissen.
Auf der Seite der Post (post.de) steht, dass eine
Büchersendung höchstens 1 Kilo wiegen darf. Das ist dann mal
wirklich ein Problem, weil es bedeutet, dass ich mich bis runter
auf 1 Kilo hungern muss. Bevor ich aber anfange, weil
eigentlich hätte ich nämlich ziemlich aktuell Hunger, schaue
ich mal, ob allein die Knochen nicht schon mehr wiegen.
Gerade habe ich herausgefunden, dass das menschliche
Skelett rund fünfzehn Kilo wiegt und aus 206 einzelnen
Knochen besteht. Heißt, ich müsste mich in viele kleine Stücke
sägen lassen oder mir ganz viel Knochenmark raussaugen
lassen.
Mal schauen, was das Internet mir zum Thema Knochenmark
sagt. Mh nicht viel. Also ich denke mal, das würde
funktionieren und weil ich ohne Knochenmark dann auch viel
flacher wäre, würde ich gut in einen „DIN c5-Umschlag"
passen. Jupp und dann 0,85 Cent bezahlen und ich lande im
Briefkasten.
Ich muss aber wirklich wissen, ob Du da wohnst, wo ich den
Brief hinsende, denn wenn ich dann im Briefkasten stecke und
keiner entleert ihn, bin ich ganz schön arm dran. Dann komm
ich da nicht wirklich raus, weil mir ja die Kraft fehlt und erst
Deine Lippen werden mir eine Ersatzknochenmarksdingens in
die Statue jagen. Heißt, ich kann auch gar nicht aus dem
Briefkasten hüpfen, wenn Du ihn öffnest. Ich kann nur darauf

warten dass Du den Briefumschlag öffnest und einen
Lappen/mich wieder heile küsst. Machst Du das?

Brusthaare und Drohbriefe

Fensterglas im Winter hat vielleicht die Farbe meines Gesichtes in diesem Moment. Habe gestern vielleicht wieder zu viel Weinbrand getrunken, aber wenn eine Flasche vor mir steht, befinde ich es für einen Frevel auch nur einen Schluck in der Flasche zu lassen. Die Flüssigkeit wurde in einem Stück abgefüllt und sollte auch in diesem Zustand verbraucht werden. Die Tropfen könnten traurig sein und ich hätte ganze Tropfenfamilien zerrissen, wenn ich nur einen Teil getrunken hätte. So aber sind alle miteinander in meinem Bauch verbunden und verwandeln sich bald in Urin. Für den weiteren Lebensweg kann ich dann aber nichts. Sie entfliehen meiner Obhut mit dem letzten Tropfen meines nächsten Toilettenbesuchs.

Meine Hand reibt über die Stoppeln meiner Haut und ich denke ans Rasieren und wie unsinnig es ist, wenn man keinen Bart haben möchte. Wieso gibt es keinen Schalter den man mit 18 Jahren umlegen kann? Mit der Aufschrift „Bart" und „Ichwillniebart" und wenn man sich für das zweite Ding entschieden hat, dann wächst niemals ein Bart und die Haut ist rein und ohne diese kleinen Punkte die mich mehr an Fliegenscheiße erinnern als an Höhlen für geköpfte Haare. Ein Bart macht älter, dies ist bewiesen und wäre es nicht so, würden sich nicht Kinder aus der zweiten Klasse diese Punkte ins Gesicht malen, wenn sie in einem Theaterstück ältere Männer darstellen müssen. Ja, genau, müssen. Wer wollte in der Schule schon irgendwas mit der Theatergruppe machen? Ich jedenfalls nicht. Ich hab mich da gedrückt, wo ich nur konnte und dankte jedes Mal Gott, wenn es geklappt hatte. Nichts gegen meine Deutschlehrerin, die es sicher gut meinte, aber ich glaube, sie benutzte uns nur als selbst zusammenstellbares Fernsehprogramm. Hatte sie Lust auf „König Midas", wurde das Stück gespielt und so weiter und so fort. Hätte die Lehrerin uns gefragt, was wir spielen wollen und man wäre auch zu mir gekommen, hätte ich laut „Kabale und Liebe" geschrieen. Ein wahrlich meisterhaftes Stück und nichts ist damit vergleichbar. Aber so schreibt er halt unser Brecht. Ahh, welcher Schlaumeier ist da eben in Gedanken aufgefahren? Natürlich nicht Brecht, sondern Schiller. Hi hi, kleines Probemanöver. Ich entschuldige mich höflichst für diesen Zwischenfall. Necke gerne, wenn nicht ich der Geneckte bin. Man kann sich aber auch selber necken. Zum Beispiel versteckt man in der Wohnung Drohbriefe und verreist

35

dann für zwei Monate nach Australien. Dann hat man vergessen wo diese Briefe sind und erst Jahre später findet man sie und erschrickt sich über diese. Übrigens sollte man nicht vergessen, irgendwo in diesen Brief zu schreiben, dass man sich selber geneckt hat.

Seit kurzem beobachte ich des Öfteren aufmerksam meine Haut und habe festgestellt, dass ich mehr Leberflecke bekommen habe und das auch meine Brustbehaarung bedrohlich in seiner Anzahl von Haaren zugenommen hat. Was ist der Grund? Der vielfältige Verkehr mit Frauen? Oder bin ich körperlich am Abkacken und schon in 10 Jahren werde ich schwarz von Leberflecken sein und mehr Haare mit mir rumschleppen als 80 Yetis und 5 kleine Babyratten. Aus Leberflecken kann ja auch Krebs rausgucken und sich dann ausbreiten, und dann ist man ja sowieso am Arsch. Vielleicht schaue ich deswegen alles ganz genau an. Manche Leberfleckenansammlungen ergeben Sternenbilder und manche sehen wieder aus wie aufgeklebter Dreck. Doch wer klebt sich Dreck auf die Haut? Vielleicht hat man diese Zeichen wirklich nicht umsonst und man könnte daraus mehr lesen über einen Menschen als aus der Hand, wie die Zigeuner tun.

Sehen wir uns einmal ganz spezielle Ansammlungen meines Körpers an und schauen mal, ob wir daraus auf etwas schließen können. Ach nee, is mir jetzt auch zu blöd. Müsste ja Hemd und Hose ausziehen und danach wieder anziehen. Das wäre für diese Zeit ein wenig zuviel Stress. Trotzdem aber glaube ich, dass man wirklich etwas erkennen könnte. Alles in der Natur hat doch seinen Platz und an diesem Platz ist dann dieses nicht umsonst. Der Frosch lebt wegen Fliegenfressen, Muscheln produzieren Perlen für fette Frauen und aus Leberflecken kann man eben lesen, was geschehen wird und geschah. Dies haben sicher auch Nostradamus und Edgar Cayce entdeckt.

Da ich jetzt auf die Toilette muss und ich danach sicher keinen Bock habe, mich noch einmal hier ran zu setzen, beende ich diese Geschichte und rate allen Menschen, sich einmal ihren Körper genauer anzusehen. Sie werden sich wundern, was man da alles findet.

Das ominöse Brechen

Ich bin Single und niemand hat einen Ersatzschlüssel für meine Wohnung. An sich ist das ziemlich dumm, aber ich bin ja kein Verlier-Verlierer und eigentlich geht es darum ja auch nur indirekt.

Die meisten Fenster waren zu und die, die auf Kipp standen, befanden sich auch noch in gleicher Position als ich von der Arbeit kam. Kein gebrochenes Glas. Keine ausgebrochenen Fensterrahmen. Die Tür ging ganz normal auf. Keine verdächtigen Kuhfußlackabsplitterungen lagen auf der Schwelle oder davor und im Teppich klafft auch kein Loch durch das sich Tunnelgrabdiebe von der Kanalisation her in die Wohnung gegraben haben.

Trotzdem ist es wie es ist. Jemand hat in meinem Kloh gebrochen! Den Geruch hab ich sofort erkannt. So richtig beißend mit einem fauligem Hintergrund. Erinnerungen schoßen mir durch den Kopf. Von Magen-Darm-Episoden und Alkoholnächten. Ich hielt die Luft an um mich nicht irgendwie an irgendwas von irgendwem anzustecken,, ging in die Küche und pinkelte da ins Spülbecken. Dabei überlegte ich mit allen verfügbaren Kopffressorcen angestrengt hin und her und je mehr meine Blase wieder zu einer überdimensionalen Rosine zusamentrocknete desto weiter eröffnete sich mein Vermutungshorizont.

Ich schaute noch einmal ins Bad. Ja, immer noch war dieser Geruch da. Verstohlen verfolgte ich mit meinem Blick das Klorohr und blieb an der Decke haften. Konnte es sein, dass einer der Nachbarn krank war und der Gestank jetzt durch die Toilette....?

Ach, quatsch, das war mangels Nachbarn (Reihenhaus und nebenan ist alles seit fünf Tagen verreist) gar nicht möglich. Tiere? Kotzende Ratten? Ratten die sich so vornehm waren, dass sie ins Klo kotzten?

Kam der Geruch eigentlich aus der Toilette? Vorsichtig ging ich mit der Nase noch ein wenig näher heran. Bedacht darauf, bloß nicht zuviel Erreger in mich zu schnuppern. Ja, doch, doch das Klo war der Volltreffer. Ich inspizierte genauer. Das Wasser war nicht von Resten beseelt und auch sonst war alles blitzeblank. Kein Erbrochenes auf, hinter und unter der Brille und selbst die Krümmung in der Tiefe hatte die bekannte Schwärze. Die Klobürste schien unbenutzt, war trocken wie Wüstensand und roch nicht nach Kotze sondern wie eine

Bürste mal so riecht.
Ich mußte wieder raus.

Jetzt sitze ich im Wohnzimmer und schreibe ein paar
Erklärungsmöglichkeiten auf. Vielleicht hab ich ja was
übersehen. Hab ich mich heute früh schlaftrunken im Klo
übergeben, weil ja Montag ist und ich wieder zur Arbeit muss?
Und mach ich das unbewusst vielleicht jeden Montag und
merke das erst jetzt, weil ich heute mal zwei Stunden früher
Zuhause bin. Wird der Gestank sich dann in zwei Stunden
legen? Das hoffe ich wirklich sehr, denn das Bad hat kein
Fenster und es würde nur die Möglichkeit geben die Tür und
ein Fenster im Wohnzimmer zu öffnen und mit frischer Luft
auszuhöhlen. Kann ich aber nicht machen. Jedenfalls nicht so
lange ich nicht weiß, ob es jetzt mein Erbrochenes ist. Ich will ja
nicht, dass sich fremde Kotze in den Stoff meiner Couch
einnistet. Dann könnte ich darauf nicht mehr wirklich wohlig
kauern oder Chips aus den Ritzen essen.

Eine andere Möglichkeit ist, daß ich mir das einbilde und es
gar nicht danach riecht. Ich könnte Freunde anrufen und sie
bitten, zu mir zu kommen um mal zu schnuppern. Dann würde
ich sie fragen, wonach es riecht. Leider kann ich mir aber nur
zwei Gesprächsverläufe vorstellen und die mißfallen mir sehr.

1. Kein Geruch vorhanden.

Hallo!

Ja Tag. Ich hab jetzt auch nicht so viel Zeit. Warum sollte ich
denn unbedingt vorbeikommen?

Wie riecht es hier?

Was?

Findest du nicht auch, dass es hier nach Kotze riecht?

Nee ich riech nichts. Wieso....?

Kannst Du mal bitte hier an der Bürste riechen? He, wo willst Du
denn hin?

2. Es riecht!

Hallo!

Ja Tag. Ich hab jetzt auch nicht so viel Zeit. Warum sollte ich denn unbedingt vorbeikommen?

Wie riecht es hier?

Na elendig nach Kotze. Ihh was hast Du hier denn gemacht?

Ach nichts. Danke, aber jetzt kannst Du gehen!

Was? Du hast mich geholt damit ich mir hier Erbrochenes in die Nase ziehe? Sag mal bist Du....

Und so weiter. Da es leider keine Kotzgeruchsmessinstrumente gibt oder ich sie nicht besitze (gibt es vielleicht in Kliniken mit Einrichtungen für Bulemie-Patienten) kann ich es nun nicht nachprüfen. Auch kann ich mir kein Tier aus der Zoohandlung holen, dass tot umfällt, wenn es Erbrochenes wittert. Das liegt nicht an fehlenden Finanzen sondern daran, dass es so ein Tier nicht gibt.
Was aber gegen diese Einbildungstheorie spricht und für einen realen Geruch ist die Tatsache, dass ich mir das nur im Bad einbilde.
Also fällt das weg. Außerdem riecht es so stark, dass keine Fantasie der Welt oder eine Schizophrenie so etwas gaukeln könnte. Ich muss ja fast selber kotzen, wenn ich das rieche. Der Gestank hat sich schon ein wenig in die anderen Wohnbereiche verteilt. Fürchterlich.

Ich war gerade noch einmal schnell drin. Auf dem Waschbecken steht ein mit Glitter überzogener Weihnachtsstern. Der sieht nicht mehr ganz so frisch aus und wird wahrscheinlich morgen schon in die ewigen Mülltonnengründe übergehen. Ich hatte ihn vor einer Woche von einer lieblichen, bildhübschen und gutbrüstigen Dame bekommen und ihn dann als einzige Pflanze auf das Fensterbrett gestellt. Dann zog ich die Vorhänge zu und übersah so eine ganze Woche diese kleine Blume. Spät am Sonntag hupte draußen ein Auto und ich wollte nachsehen warum es dies tat. Ich zog die Vorhänge auf und fand etwas Rot-Grünes in einem stillen Todeskampf. Das Auto interessierte nicht mehr, ich nahm den Stern und wässerte ihn im Bad einmal durch. Die Erde war vertrocknet und ich ließ ihn deshalb gleich da auf dem Waschbecken stehen. So würde ich sicher nicht vergessen, dass er Wasser braucht.

Mh, am Sonntag roch es im Bad nach Parfüm und Duschbad. Am Montag, also heute, stinkt das ganze Bad wie das Klo in der Modelschule. Alles was sich geändert hat, ist, dass ser Weihnachtsstern da jetzt steht. Hab natürlich gleich eben daran rumgerochen aber die Pflanze hat gar nicht gerochen. Nicht einmal aus der Blüte. Doch das brauch ja nichts bedeuten. Sie kann ja schon alles ausgeströmt haben und ich glaube mich wage daran zu erinnern, gehört zu haben, dass die Ureinwohner der Osterinseln (da kommt der Weihnachtsstern ja skurrilerweise her) sich mit dem Sud/dem Extrakt dieser Pflanze eingerieben haben um sich vor gefährlichen Tieren zu schützen. Die dachten dann, dass die Menschen schon einmal ausgekotzt wurden und verzichteten auf eine Magenverstimmung.

Aber müsste dann nicht noch ein kleiner Fitzel Geruch am Stern sein? Ich meine, er riecht ja nun mal nach rein gar nichts und warum hat er nicht schon auf der Fensterbank gestunken? Das wäre doch seine Rettung gewesen, weil ich ihn ja dann nie eine ganze Woche vergessen hätte. Nein, dieser Geruch fällt mir auf. Und wäre es nicht sehr unpassend, wenn man sich etwas zum Fest der Liebe schenkt das die Fähigkeit besitzt irgendwann nach Kotze zu stinken. Da passt doch als Schenkungsfest doch eher Halloween oder Beerdigung oder so.

Es beißt noch immer in der Nase. Jetzt sind die zwei Stunden schon längst vergangen und der Geruch hat sich nicht gelegt oder gemildert. Jetzt will ich nicht völlig verrückt erscheinen, aber der Gedanke kam mir und vielleicht ist er gar nicht so abwegig. Ich meine, in der Welt gibt es genug paranormale Phänomene und würde es sie nicht geben, würde man auch nie daran glauben, dass sie geben könnte. So ist ein Poltergeist vielleicht gar kein so großes Hirngespinst. Es hat zwar noch nie gepoltert, aber es stinkt nach Erbrochenen und vielleicht ist das er Anfang. Bin ich jetzt allein? Hallo? Ich horche angestrengt. Klappert es irgendwo oder würgt irgendwo etwas Körperloses? Apropos körperlos! Körperlos macht doch gar keine Geräusche. Körperlos ist doch muchsmäuschenstill. Wobei es ja andere Gesetze im Jenseits gibt und meine Schulweisheit da nicht greifen wird. Sozusagen ist sie nicht mal Kotze wert. Eigentlich mag ich den Begriff gar nicht so verwenden, aber dieser Geruch frisst sich in meinen Kopf und schreit dort „Kotze, Kotze, Kotze." Und der bessere Begriff „Erbrochenes" passt eigentlich nicht so. Er ist viel zu harmlos für

diesen bestialischen Teufelsgestank. War der Teufel hier?
Ist das dieser Schwefelduft? Nee, nee Schwefel riecht anders.
Jetzt frage ich mich aber auch, ob ein Geist überhaupt kotzen
muss. Warum sollte er dies tun? Weil er krank ist? Weil er zu viel
getrunken hat? Wohin getrunken?
Ich glaube, der Geist ist eine Sackgasse. Gibt ja auch keine.

Vielleicht sollte ich einfach umziehen und alles auf sich
beruhen lassen. Am besten jetzt gleich. Dann hätte ich keine
Probleme mehr. Aber was würden die Leute vom
umzugsunternehmen dann denken? Was würden sie sich
später an den Stammtischen erzählen?

Warum hat er eigentlich gesagt wir sollen in die Spüle pinkeln?

Keine Ahnung. Auf jeden Fall hat es bei dem gestunken wie
Sau. Ich hab mit Erwin die Couch getragen. Pfui Deubel sag
ich Dri. Schlimmer hab ich es nie erlebt.

Und der hat ja auch nur die Sachen aus dem Bad
rausgeschleppt und uns da nicht reingelassen.

Wieso eigentlich nicht?

Vielleicht ne Leiche.

Ne, wie ne Leiche hat es nicht gerochen. Eher wie eine
bettlägerige Ehefrau um die sich keiner kümmert.

Im Bad?

Warum nicht?

Stimmt.

Nein, ich kann nicht so einfach wegziehen. Auf jeden Fall nicht
so und mit diesem Geruch.
Warum bin ich mir eigentlich sicher, dass keiner einen
Zweitschlüssel hat? Vermieter müssen doch immer einen
haben. Vielleicht musste der bei einem Kontrollgang hier mal
kotzen und ....
Ich ruf ihn mal an.

Sie haben doch einen Zweitschlüssel für meine Wohnung, oder?

Natürlich. Haben Sie sich ausgesperrt?

Nein, ich wollte mich nur vergewissern.

Für jedes Objekt besitzen wir einen Zweitschlüssel. Das ist ganz normal so.

Überprüfen Sie die Wohnungen manchmal?

Mit Vorankündigung, ja!

Einfach so nicht?

Einfach so nicht! Das wäre ja sonst Hausfriedensbruch. Wieso fragen Sie denn?

Nur so.

Wirklich? Ist alles in Ordnung? Vielleicht sollte ich mir die Wohnung mal
jetzt einfach so aus Spaß anschauen. Sie scheinen ja gerade zuhause zu sein.

Nein ich rufe von der Arbeit aus an!

Ich seh aber ihre Nummer von Daheim!

Äh..

Bis gleich....

Scheiße, scheiße. Er hat jetzt einfach aufgelegt. Der darf den Geruch nicht riechen. Ansonsten schmeißt er mich aus der Wohnung und ich lande unter einer Brücke von der am Tag 20 mal gekotzt wird. Ich schnappe mir das Raumspray, drücke die Badtür einen Spalt auf, stecke die Düse samt Oberkopf in die Ritze und drücke durch. Zisch, zisch.
Oh Gott, jetzt wird der beißende Gestank rausgedrückt. Ich falle gleich um. Wo bleibt eigentlich der Vanilleduft des Sprays?
Und da fällt es mir wie eine Nase aus dem Gesicht. Heute früh verrichtete ich vor der Arbeit mein großes Geschäft und

benutzte als letzte Aktion im Hause die Raumspraydose um den unangenehmen Toilettengeruch zu übertünchen. Ich höre auf zu sprühen, mein Mund klappt auf, das Herz macht einen Sprung, die Badtür klappt zu und ich schaue auf die Dose und sehe, dass sie seit 3 Jahren abgelaufen ist.

Mein Vermieter kann ruhig kommen. Das ist ja keine Kotze. Das ist verschimmelte Vanille.

Die Zahnbürste ist noch da

Ich habe die Krankheit „Leeres Bett" und gar niemanden den
ich anstecken könnte. Bin ganz allein im All seitdem sie mit
einem anderen fusionierte. Im Bad liegt noch ihre Zahnbürste
und vermisst Zähne, der Spiegel schaut mich auch schon so
traurig an und seitdem sie nicht mehr da ist knarren die Türen
und geben so ihrem Unmut Ausdruck.
Meine Anrufe drückt sie ins besetzte Telefonland und die
Briefe, die ich ihr schicke, bekomme ich selber, weil ich nur
diese Adresse habe und ihr Name noch am Briefkasten steht.
Mir wird ganz übel, wenn ich daran denke, dass eine andere
Hand die ihre umfingert oder sogar Haut angefasst wird, die
man nicht offen trägt wenn man mit dem Bus zum Friedhof
fährt. Wenn sie es sich doch noch mal durchs Herz gehen
lassen würde. Vielleicht würde sie dann erkennen, dass ich viel
besser für sie sorgen kann. Hätte ich sie zum Beischlaf von
irgendeinem Mann losgeext, dann hätte ich doch auch
darauf geachtet, dass sie ihre Zahnbürste nicht vergisst. Das ist
doch wichtig.

Fast jeden Tag sitze ich nun hier in unserem alten Zuhause,
dass für mich nur noch ein großer Schuhkarton ist und packe
immer mehr Trauer hinein. Fühle mich irgendwie wie ein
einzelner Schuh ohne mein Gegenstück und meine Sohle ist
auch schon ganz durchlöchert, durch das nervöse
Sohlenschaben.
Selbst arbeiten gehen kann ich nicht mehr. Es könnte ja sein,
dass sie genau dann wieder zurückkommt, wenn ich gerade
nicht da bin und dann denkt sie sicher, dass ich nicht auf sie
gewartet habe und sie gar nicht mehr will.
Sie muss ja auch noch mal wiederkommen, weil ja ihre
Zahnbürste noch da ist. Damit ich gut auf sie aufpasse, hat sie
sich als Pfand meine EC-Karte mitgenommen. Also muss sie ja
doppelt mal wiederkommen. Um mir zu zeigen, dass es ihr gut
geht hebt sie einmal pro Woche irgendeinen Geldbetrag mit
der Karte ab. Die Geheimnummer hab ich ja, Gott sei Dank,
mit einem Edding in Spiegelschrift vorne unter das EC-Zeichen
geschrieben.

Morgens stehe ich um 14 Uhr auf, schaue in den Briefkasten,
finde einen Brief, den ich ihr geschrieben habe und öffne und
lese ihn. Eigentlich ist das ja strafbar, wegen Briefgeheimnis
und so, aber ich glaube, das sie mich nicht anzeigen wird.

Irgendwie machen mir die Briefe Mut. Sie schreibt mir zwar nicht, aber ich ihr und das zu unserer alten Wohnung in der ich jetzt alleine warte. Irgendwie fühle ich dadurch das es irgendwie weitergeht. Morgen wird sie vielleicht schon wieder vor der Tür stehen, ein Rehauge gegen den Türspion drücken und säuseln; „Hallo Schatzi, ich bin zurück! Wo ist die Fernbedinung, die „Laura" und ne Packung Salzbrezzeln?". Dann gebe ich ihr alles und packe oben drauf noch die 1355 Briefe die ich ihr in der letzten Zeit geschrieben habe. Dazu mache ich Xavier Naidoo an, die CD läuft seit 8 Monaten auf Pause, zünde rote Kerzen an und schließe sie in meine Arme. Oh das wird so schön. Ach eigentlich kann ich aus den 1355 ja auch locker noch 1356 Briefe machen. Es ist ja längst nicht alles in Zeilen gepresst was ich empfinde. Wo hab ich jetzt mein Diddl-Briefpapier?

Liebste Ludmilla,

mein Augensternchen, Traum aller Träume, Messers Schneide auf der ich lebe. Du bist immer noch nicht da, wo Du hingehörst! Überall anders bist Du fehl am Platze und je eher Du das merkst desto eher freu ich mich. Vor lauter Sehnsucht hab ich schon die Arbeit verloren, aber das ist ganz egal, denn ich arbeite ja auch hier bei uns genug. Weißt Du noch, wie Du gesagt hast ich solle dies und das reparieren? Alles fertig!
Die Waschmaschine hab ich abgedichtet (vorne dieses Bullauge ging auf), der Computer ist virusfrei und die Gardinenstange hängt nun wie von Dir gewünscht 2 cm tiefer. Das Esszimmer ist jetzt Dein Malzimmer, das Wohn-, das Schlaf-, und das Schlaf-, das Wohnzimmer. Ich hab Dir jede Woche Deine Laura gekauft und sogar meine Modelleisenbahn in den Keller geräumt. Und Du wirst es nicht glauben, aber auf Gleis 8 steht ein neuer Zug. Modell 86759. Davon hab ich Dir doch erzählt, als Du mit diesem Typen Deine Sachen abgeholt hast. Ich hab den Zug Ludmilla getauft. Richtig offiziell mit einer Flasche Sekt an einem Bindfaden. Dabei ist leider der Zug ein wenig beschädigt worden und ein Miniaturplaste-Angler ist in all seine Einzelteile zersprungen.
Sag mal Ludi, Dir geht es doch gut, oder? Du hast doch Deine Sachen geholt und mit Absicht die Zahnbürste dagelassen!? Jetzt denke ich, dass das ein Zeichen sein sollte. So was wie „Ich werde gerade entführt und kann nichts sagen und wenn

45

ich mir die Zähne putze kann ich ja auch nicht reden. Zwinker, zwinker.". Deswegen werde ich auch immer weggedrückt. Ludibaby sei mir ja nicht tot! Nicht das er nur eine Chiffriererin für die Spiegelschrift auf meiner EC-Karte gebraucht hat.

Ich muss mich ganz schnell runterholen. Ich hab gerade vor Schreck so doll schweißnasse Hände bekommen, dass ich am Stift abgerutscht und mit dem Kopf auf den Tisch aufgeprasselt bin.

Doch Du bist nicht tot. Das würde ich spüren. Du lebst noch! Das weiß ich genau, denn Du bist meine andere Dimension, die zu mir gehört wie der Nagel am Finger, der Finger zur Hand, die Hand zum Menschen, der Mensch zum Universum und das Universum zu einem Glas Cola und wenn der Schaum wegprickelt ist Weltuntergang.

Würdest Du also tot sein, würde mein Universum gar nicht mehr existieren.

Ich hab Dich ein Leben lang gesucht, ein halbes Jahr hindurch gefunden und dann wirst Du mir weggenommen? Nee, nee so einfach geht das alles nicht. Du bist der Sinn meines Lebens und deshalb musst Du auch zurückkommen. Außerdem ist Deine Zahnbürste ja noch hier.

Da ich kein T-Shirt von Dir gefunden habe, das ich mit ins Bett nehmen konnte und Dich doch so vermisst habe, hab ich Deine Bürste wie einen Nuckel in meinen Mund geschoben und bin dann selig eingeschlummert.

Vielleicht hast Du Dir das schon gedacht.

Kannst Du bitte morgen schon zurückkommen? Dann könnte ich mich nämlich jetzt schon freuen. Ja? Oh schön!

Dann können wir ja alle Zimmer neu einweihen, uns gegenseitig die Küsse anhexen und ich würde auch ne Menge Porto sparen.

Wir wären wieder zusammen und ich würde nie wieder arbeiten gehen um Dir keine Chance zu geben Dich noch einmal anderweitig umzuschauen. Da pass ich dann ganz doll auf. Schön, dass Du morgen wieder da bist!

Ich hab auch eine Überraschung für Dich. Du hast doch mal gesagt, dass ich Dir zuviel über unsere Probleme rede und eh zuviel quassel. He kleine Wunderbärin, ich hab Dir fast alles was ich Dir sagen wollte in 1355 Briefen abgefasst. Das hier ist der 1356e. Von 1 – 566 geht es darum, wie sehr ich Dich vermisse. Der Brief Nummer 567 ist voller Wut gegen Dich, aber das meinte ich ja nicht so. Und der Rest der Briefe beinhaltet die Freude darüber, dass Du ja schon morgen wiederkommst.

Du hast also genug zu lesen, wenn Du wieder da bist. Ich

massiere Dir dann auch mit meinen Füßen Deine Füße.
Rumfüßeln.
Ha, ha, ha, ich denke gerade an Deinen großen Zeh. Der sieht
so lustig aus. Ha, ha, ha, ha, ha. Ich kann nicht mehr. Ich
muss…ha,ha,ha…Dein Zeh..ha..Ich muss aufhören. Ich fang
nachher den 1357 Brief an.

Ha, ha
Dein Brummi

Die Briefe klebe ich immer mit Blut zu. Dazu schneide ich mit
einem Brieföffner ein wenig an meinem Schenkel rum und
halte dann den Briefumschlag hinein. Ein ganz persönlicher
Brief. Na ja, zuerst bekomm ich den Brief ja, aber dann sie. Sie
kommt ja morgen. Ihre Zahnbürste ist ja noch da.
Ich überlege gerade, ob ich nicht den 567 Brief verschwinden
lassen sollte. Der war nämlich wirklich ein wenig zu heftig. Da
steht wortwörtlich drin : „Weißt Du was? Bleib doch wo du
auch immer bist!". Nicht das sie das morgen liest, sich dann
umentscheidet und doch wieder zu diesem Muskelheini
zurückflitscht.
Oder sie kommt gar nicht wieder zurück. Ach, ich weiß auch
nicht. Aber ich werde jetzt noch einmal versuchen....

Sie hat aufgelegt. Es ist schon komisch. Sie hat mich mit der
Krankheit „Leeres Bett" angesteckt, hat sie woher auch immer,
und ist nun total bettausgelastet. Und sie ist auch mein einziges
Heilmittel gegen diese unglaubliche Leere und ich will sie mir
als Salbe an jede Körperstelle reiben. Vielleicht ja morgen.
Ansonsten übermorgen. Die Zahnbürste ist ja noch hier.

Petrischale des Büroaffen

In der PM vom Oktober, das Titelbild zeigt eine Atombombe die aus einer Bibel springt, gibt es einen gar interessanten Artikel.
Es geht darin um Sperma, ja um Samenflüssigkeit und darum das jedes einzelne Spermium total der clevere Zeitgenosse ist. Schläft eine Frau zum Beispiel morgens um 07:00 Uhr mit ihrem Mann und um 10:00 Uhr mit ihrem Lover wird es sich so verhalten, dass die Spermien anfangen sich gegeneinander zu bekämpfen. Und alles in allem geht es nur um einen Schatz. Um die legendäre Eizelle.
Im Samenbeutel des Mannes haben die vielen, kleinen, winzigen Jungs ja schon die wildesten Geschichten gehört. Treffe man auf sie (Die Eizelle), werde man eins mit dem Universum, trete automatisch über ins Paradies und erlebe das größte Glück im ganzen Hodenkosmos das man sich vorstellen kann. Weise Spermien, die schon grau an den Wänden baumeln, wissen sogar zu berichten, dass man um diese Eizelle zu finden aus dem eigenen Kosmos ausbrechen muss. Dafür stellt man sich dann an den großen Schlund und wenn der sich öffnet, lässt man sich fallen. So kommt man isn Paradies. Denken sie auf jeden Fall. Wenn sie wüßten, dass nur ein einzelner Kugeltyp mit Schwänzchen sein Ziel erreicht, würden alle anderen 3 Milliarden wohl nicht springen.
Auf jeden Fall erwartet sie so schon genug Stress und wenn sie nun in den weiblichen Geschlechtrakt eintreten und auf schon vorhandene Spermie treffen, kann man sich ja ausmalen, was dann passiert. Dann werden sie nämlich stinkend wütend und prügeln sich bis irgendwer gewinnt. Dies ist bewiesen und völlig wissenschaftlich unter Dach und Fach. Glück im Unglück für die Eizelle ist, dass durch dieses Szenario nur der beste und stärkste Genosse sein Ziel findet und dadurch ein starkes Baby wachsen wird.

Jetzt ist mir da so ein Gedanke gekommen, als ich diese Zeitung gelesen habe. Wenn sich nämlich schon diese verschiedenen Ejakulate so verbiestert bekämpfen, könnte man als Mensch davon ja auch anderweitig Nutzen erlangen. Und ich denke da an eine ganz besondere Sparte. Glücksspiel! Ja genau. Dafür brauch man auch nur ein Mikroskop, dass man mit einem großen Bildschirm verbinden kann, einen großen Raum und ein paar Männer, die sich

48

gegenseitig messen wollen. Hier wird es dann vielleicht auch ganz erstaunlich sein, dass der Samen vom dünnen, schmierigen Büroaffen sehr viel kräftiger ist als der vom Bodybilder Hannsenpaule.
Nehmen wir die beiden vielleicht auch mal gleich für einen Ausflug in eine Vielleichtzukunft.

Hannsenpaule hat soeben sich in eine Petrischale verausgabt. Dabei hat er an die Mieze aus dem Fitnesscenter gedacht. Die hat ihn noch nie rangelassen, aber er denkt, dass sie ihn anmachen will mit all den komischen Verrenkungen, die sie zeigt. Kommt Zeit kommt Gelegenheit.

Büroaffe hat seinen Penis kurz angeploppt und nur die geeignetsten Tropfen ins Glas gestrichen. Er rechnet sich keine großen Chancen aus, aber es gibt ja 20 Euro pro Kampfspermaspende.

Zehn Minuten nach der Ejakulation der beiden präsentieren sie sich dem Publikum. Natürlich mit runtergelassener Hose und einer eindeutiegn Geste, auf die hier nicht weiter eingegangen werden kann. Das Publikum, dass aus Wettsüchtigen, Experimentierfreudigen, Bänkern, Hartzern und Verpeilten besteht begutachtet ganz genau.

Hannsenpaule: 1,70 m, 90 kg, ledig und Hausmeister..
Büroaffe: 1,85 m, 60 kg, verheiratet, arbeitet als Rechnungsprüfer..

Zu Kindern werden keine Angaben gemacht. Einmal bitte Hoden dann noch hochnehmen und im schrägen Winkel fallen lassen…

Das reicht, der Spielleiter eröffnet die Annahme der Wetteinsätze, rattert seine Sätze runter, steckt Geld weg, vergibt Zettel du schliesst dann…

Beide Kontrahenten schütten nun ihren Samen auf den Objektträger unter dem Mikroskop. Jetzt ist es ganz ruhig. Man hört fast schon die Spermie aufeinander zukriechen. Und dann wird es wirr auf dem Bildschirm und wer sich am Ende dann als letzte Keimzelle bewegt der gewinnt. Geprüft wird das dann durch einen nachfolgenden Gentest am lebendem Objekt.

Das ist doch machbar! Ist diese Vorstellung zu weit weg? Diese

Form der gegenseitigen Kraftüberprüfung eröffnet doch ganz andere Räume. Hier werden ruhige, trottelige Männer auf einmal zu Helden. Und viele von solchen Männern arbeiten in der Wissenschaft. Bald schon werden sie anfangen auf diese Weise Geld zu verdienen. Scheiß auf Catchen, wir gehen zum Samenfight.

In diesem Sinne werde ich dann gleich ein paar Kämpfer zeugen. Geht ja ganz einfach. Vielleicht kauf ich auch noch ein Mikroskop und fange einfach selbst an.
Nur welcher Mann gibt mir ohne weiteres seinen Samen? Oder noch besser, welches Tier gibt Sperma preis?
Kann man vom Pferdedecker Pferdesamen holen? Wer würde da wohl gewinnen?
Ok, ich merke ich rutsche gerade weiß aus.

Dann eben zum Schluß noch ein paar Ideen für Spermien!

Kinder könnten zum Beispiel statt Pokemonkarten, Petrischalen mit besonders großartigen Spermienstämmen sammeln. „Hier, ich hab den Büroaffen mit einer Samengeschwindigkeit von 800 Hodenkosmosknoten. Den tausche ich gegen Pumasperma mit einer Sameneinzelgröße von einem Millimotor".

Mann könnte die Samenkampfkraft auch in Energie umorganisieren. Alles was man brauch ist ein Umwandler.

Spermienrennen.

Aufklärung für Kinder

Hallo kleines Menschenkind. Ich weiß, Menschenkind hört sich komisch an und nicht so schön wie Rehkitz, Frischling oder Fohlen, aber ein Baby bist Du ja auch nicht mehr. Ansonsten würdest du ja auch viel zu beschäftigt sein um dir diese kleine Geschichte anzuhören.
Dann würdest du nämlich viel zu viel um die kleinen Öhrchen haben. Zum Beispiel ganz laut schreien, damit die Mama und der Papa dich auch hören oder ganz lange schlafen, um in der Traumwelt mit Wolken Fange zu spielen. Die Zeit dazwischen, wenn es sie denn gibt, würdest du vernuckeln und vielleicht tust du es ja immer noch.
Doch jetzt bist du schon groß genug für diese Geschichte und hast ein wenig Freizeit zwischen Babysein und Jugend.
Schade, dass es für diesen Bereich dazwischen keinen Begriff gibt. Kindheit finde ich zu allgemein. Wollen wir uns was einfallen lassen? Ein schöneres, anderes Wort für Kind? Fällt Dir da vielleicht was ein? Wie wäre es denn mit Bubbeldibup? Bist du ein Bubbeldibup? Das klingt lustig oder?

Heute wird dein Papa oder deine Mama dich mit dieser Geschichte in die Welt der Erwachsenen nehmen, aber keine Angst, du bist gleich wieder zurück kleiner Bubbeldibup und es wird ganz doll interessant. Deswegen musst du schön zuhören und deine kleinen Ohren spitzen, denn um die geht es nämlich. Na ja, um deine Ohren, um deinen kleinen Bauch und um deine kleine Nase. Ach, eigentlich geht es ganz nur um Dich.
Wo kommen denn deine Finger her und wo kommst du her? Nimm mal deine Hand und schau sie Dir an! Hast Du dir schon mal überlegt, wo die eigentlich herkommt? Das sind wichtige Fragen und dahinter steckt ein großes Geheimnis der Erwachsenenwelt, dass Dir bisher nicht verraten wurde.

Das dein Erscheinen auf der Welt etwas mit Mama und Papa zu tun hat wird Dir bestimmt schon aufgefallen sein und da hast Du auch wirklich gut gedacht.
Sie haben Dich gemacht! Deine Hände, Deine kleine Nase, die Füßchen mit allen Zehen und sogar jedes einzelne Haar das dir auf dem Kopfe wächst. Jedes Kind hat seine Eltern, aber warte mal, wir wollten ja Bubbeldibup sagen: Jeder Bubbeldibup hat Eltern und ich will Dir erklären, wie sie dich gemacht haben.

Irgendwann haben sich Mama und Papa kennen gelernt. Die kannten sich nämlich nicht immer sondern mussten sich erst finden und das dauert manchmal ganz lange oder geht ganz schnell. Deshalb sind manche Eltern auch älter als andere Eltern. Mama und Papa müssen sich also erst finden. Deine Eltern haben sich gefunden und es ist ganz egal, wo sie es getan haben.

Wenn man sich so findet passiert was ganz Schönes mit den Menschen. Sie müssen ganz oft lachen, drücken sich gegenseitig und haben alle leuchtende Augen. Man freut sich das ganze Leben lang, dass man sich gefunden hat und das nennen die Erwachsenen dann Liebe. Manchmal verwechseln sie das mit anderen Gefühlen oder Wunschgedanken, aber wenn sie sich wirklich aneinander sehr, sehr freuen dann ist es Liebe.

Und wenn man sich liebt, dann will man immer bei dem anderen Menschen sein und ihm Gutes tun. Man passt aufeinander auf und ist füreinander da und bei allem freut man sich ganz doll. Und diese Liebe verstärkt sich dann sogar immer weiter und weil die so, so, so schön ist, kann man sie zu zweit gar nicht aushalten und will sie mit jemandem teilen. Mit jemandem, der auch ganz toll ist und am besten mit einem, der auch schon nach einem suchst und du hast deine Mama und deinen Papa gesucht. Das weißt Du nur nicht mehr, weil Du zuviel um die Ohren hattest mit dem Rauskommen aus Muttis Bauch und so. Das hast du total vergessen, aber das ist nicht schlimm, denn daran kann sich fast keiner erinnern.

Um Dir bei deiner Suche zu helfen fingen auch damals deine Eltern an zu suchen. Sie mussten irgendwie auf sich aufmerksam machen. So wie ein Leuchtturm, oder ein Feuerwerk oder eine Lampe im Garten die kleine Insektchen anzieht. Und hier steckt das Geheimnis der Erwachsenen. Sie schickten eine Prise ihrer Liebe zu Dir. Dafür mussten sie sich ganz doll aneinanderkuscheln, küssen und drücken und als sie ganz eng beieinander waren freuten sie sich ganz doll, dachten an dich und so hast Du sie dann gefunden. Weil sie so stark mit der Liebe gestrahlt haben, dass Du sie gar nicht übersehen konntest

Deine Mama hat Dir dann in sich eine schöne Höhle gebaut in der du gut geschützt warst, weil Du weißt ja, dass man auf sich gut aufpasst, wenn man sich liebt und in dieser Höhle bist du

groß und stark geworden. Da sind dann Deine Füßchen gewachsen, Deine Ohren und sogar dein kleiner Po...
Und als Mama keine Angst mehr um dich haben brauchte, weil du so stark geworden warst, bist du herausgekommen und hast angefangen zu leben. So war das bei deinen Freunden, bei den kleinen Hunden und sogar bei den Ameisenbabys.

Und weil du mit deinen Eltern die Liebe teilst, lieben sie dich auch total, werden dich immer beschützen und Dir immer helfen. Immer, immer und immer.

Scheuermann dysplasiert

Momentan bringt mich mein Rücken fast um. Wobei ja mein Rücken gar nicht wirklich schuld ist, denn es geht um meine krumme Wirbelsäule. Rücken an sich, ist ja nur das Fleisch drum herum. Ich habe eine total blöde Sitzhaltung und meine Brustwarzen nähern sich immer bedrohlicher meinen Knien. Es ist schon so weit, dass ich mich nicht mehr auf einen Spielplatz setzen kann. Die Kinder dort, wenn sie mich von hinten sehen, würden sofort auf mich eintreten und sich dabei dann wundern, dass dieser komische Ball gar nicht weg-, sondern ihnen eine schießt.
Auch ist blöd für mich, dass in so einer gekrümmten Sitzhaltung der Bauch nicht gerade stramm und aus Eisen ist. Der liegt eher in Falten und das Bauchfleisch küsst sich selbst an allen erdenklichen Stellen.
Da meine Mutter auch so eine Haltung hat, meine ich mal keck, dass es eine genetische Sache ist. Vom Vater kann ich nicht ausgehen, weil der ja nur betrunken im Bett lag und ich deshalb nichts über seine Haltung weiß. Verwundern würde es mich aber nicht, wenn auch er einen Rundrücken hat. So nennt man das nämlich. Also diese Wirbelsäulendysplasie. Ah wunderbar, ich konnte gerade mein neugelerntes Wort „Dysplasie" anwenden und da das Wort rot unterstrichen wird und das Rechtschreibprogramm dieses Wort nicht kennt, bin ich damit schlauer als mein eigener Computer. Schön.

So, jetzt habe ich mal nach Rundrücken gegoogelt:

„Rundrücken = Kyphose

Ein Rundrücken mit verstärkter Ausbuchtung nach hinten kann angeboren sein, durch zu frühe Belastung der Wirbelknochen in der Kindheit, durch eine ungenügende aufrichtende Muskulatur bedingt sein oder eine Knochenerkrankung, wie z.B. Scheuermann im Wachstumsalter oder Bechterewsche Krankheit. Die im Alter auftretende Kyphose ist bedingt durch Haltungsschwäche, Bandscheibenabnützung und Osteoporose. Erkrankungsbedingt können Kyphosen auftreten bei tuberkulösem Knochenbefall, Wirbelbrüchen oder Tumor-Metastasen im Knochenbereich. „

Na super. Jetzt muss ich Angst haben, einen Scheuermann zu haben, oder wie? Wieso eigentlich Scheuermann? Da googel

ich doch mal nach Scheuermann. Vorher schließe ich mit mir aber eine Wette ab. Zu 60 % schätze ich, dass der Arzt, der diese Krankheit erkannte, Dr. Scheuermann hieß und zu 40% denke ich, dass früher Kinder immer eine gescheuert bekommen haben, wenn sie keinen graden Rücken gemacht haben.
Vielleicht sogar von einen Scheuermann, der durch die Dörfer gegangen ist und nach Kindern und Jugendlichen geschaut hat, die nicht grade gegangen sind.
Na ja, ich befrage Google.

Erstes Ergebnis: Es heißt im vollen „Morbus Scheuermann".
Jetzt muss ich nur noch wissen, was Morbus heißt! Gebe ich also nur mal Morbus ein!
Aha Morbus heißt also Krankheit!
Gut zu wissen, wenn man dann nämlich mal ganz ordinären Schnupfen hat, kann man sagen:

„He, ich hab Morbus Schnupfen oder gleich Morbus Schnupfo"

Doch meine Wette hab ich immer noch nicht entschieden.
Bisher hab ich auch nirgendwo gefunden, wer der Entdecker war oder ob es wirklich einen Scheuermann gab. Die einzigen Scheuermänner, die ich bisher gefunden habe sind:

Mario Scheuermann, der ein Blogg über Saufen, Kneipen, Reisen, Fressen, Lifestyle,
Ungarn und Europa führt.

http://drinktank.blogg.de

Eine Schriftstellerin mit Namen Silke Scheuermann:

http://www.hr-online.de/website/rubriken/kultur/index.jsp?rubrik=2099&key=standard_document_795322

und dann gibt es einen Scheuermann und Partner-Internetauftritt

http://www.advokaten-hamburg.de/start.html

Aber kein Hinweis auf einen Krummrückenhasser oder einen Doktor. Vielleicht sollte ich anders bei der Suche vorgehen:

Bei Google werde ich jetzt erst einmal „Scheuermann" eingeben und „scheuern". Wenn dann was kommt, ist der Fall völlig klar.

Nur Lexikaseiten. Was für ein Wunder. Gut jetzt „Entdecker von Scheuermann".

Holger W. Scheuermann, ich hab's. Jetzt bin ich aber neugierig geworden. Was hat der denn so gemacht?

„Die Erkrankung wurde nach ihrem dänischen Entdecker benannt: Holger W. Scheuermann, Chirurg und Radiologe aus Kopenhagen, beschrieb 1921 erstmals die Symptome. „Dazu gehören keilförmige Wirbel, der charakteristische Rundrücken und Schmorl'sche Knötchen", erklärt Henry Halm, Privatdozent des Skoliosezentrums in Neustadt. Als Schmorl'sche Knötchen bezeichnet der Mediziner kleine Knorpelknötchen der Bandscheibe, die in die Deckplatte der Wirbelkörper hineinragen. „Schmerzhaft sind diese Knötchen in den seltensten Fällen", sagt Halm."

Schmorl'sche Knötchen? Also, ich wette mal…………………………..

Der Teufel auf dem Kinderkanal

Bis vor kurzem hab ich nicht an Dämonen und den Teufel geglaubt, aber das Fernsehen macht nicht nur dümmer. Auf einem Kinderkanal läuft jetzt nachts neuerdings PrimeTime. Das ist eine Esoteriksendung, in der Frauen und Männer irgendwelchen Anrufern durch Kartenlegen, Geisterschreiben, Pendeln und Numerologie neue Hoffnung geben.
Das geht nach dem Prinzip: Ach, das wird schon und wenn Du noch mal Sorgen hast, ruf mich schnell an und bezahl noch mal 3 Euro pro Minute.
Dass das jetzt waschechte Hexen der schwarzen Magie sind, kann man schon ihrem Aussehen entnehmen. Warum sollte Gott jemanden mit außerordentlich netten Gaben segnen und ihn ansonsten potthässlich lassen? Und warum lächeln diese Frauen so roboterhaft? Wieso bekommt man Angst, wenn sie in die Kamera blinzeln und wieso nehmen die mit Geistern Kontakt auf und vertrauen darauf, dass es gutgesinnte sind?

Eine der Mitarbeiter nahm gestern mit einem Geist Kontakt auf und warnte dann das Publikum, es ihr nicht gleich zu tun, denn Kontaktaufnahme mit alten Seelen sei wie eine Autobahn. Man geht diese entlang und jede Seele kann durch eine Einfahrt in den eigenen Kopf kommen. Sie habe natürlich eine total vertraute Seelenbekannte unter den Toten, aber wenn man nicht geübt ist, dann geben sich solche bösen Seelen gerne mal als gute aus. Was ist nun, wenn diese Mitarbeiterin lange Zeit durch so eine böse Seele getäuscht wird? Na ja.

Heute hat eine Frau wegen finanziellen Problemen angerufen. Sie habe ein Kind, sei allein erziehend und schreibe Kinderbücher. Bei Kinderbüchern setzte ein anderer Dämon sofort ein eckiges Lachen auf und schrie eine gekünstelte Begeisterung aus sich heraus. Als die Karten gelegt waren, versicherte die Legerin, dass es bald keine finanziellen Probleme mehr geben wird, weil das Kinderbuch ja zum Bestseller wird. Aber sie müsse aufpassen, weil ihr von einer Person die Idee für das Kinderbuch gestohlen werden könnte. Ja, natürlich. Man muss sehr aufpassen. An jeder Ecke stehen ja Kinderbuchideeklauer. Die Polizei hat sogar eine Sonderkommission gegründet: „AG Geschichtenklau".

Auch die Moderatorin, die diese Sendung leitet, ist suspekt. Sie thront über allem und bekommt durch einen Knopf im Ohr alles vorgesagt, was sie dann wiederholt. Wenn sie eine längere Pause macht und alles still ist, hört man wie ein paar Männer in ihr Ohr reden. Ihr Mikrophon ist leider zu hoch gesteckt oder der kleine Kommunikator hängt in einem zu hängendem Ohr. Diese Sendungsführerin ist irgendwie total daneben. Entweder hat sie Angst vor den ganzen Monstern und weiß Bescheid, oder sie weiß Bescheid und ist das einzige Monster. Eine Szene konnte man beobachten, da ging diese Frau zu einer Mitarbeiterin und fragte sie:

Was hast Du denn für einen Stein an deinem Arbeitsplatz?

Das ist ein blauer Turmalin. Das ist ein Schutzstein gegen Mobbing am Arbeitsplatz.

Hallo? Ein Schutz gegen die anderen Kartenleger oder gegen die Moderatorin? Irgendwas läuft da gewaltig schief und für die, die diesen Sender nicht empfangen können, gebe ich jetzt mal einen kleinen Einblick in ein geführtes Livegespräch.

„Hallo bei PrimeTime. Ich bin Angelika. Hier sind Sie richtig. Schalten Sie nicht weg und schalten Sie nicht um. Lassen Sie sich zu einem unserer qualifizierten Tarotkartenleger verbinden. Wenn Sie nicht anrufen, können wir Ihnen auch nicht weiterhelfen. Wir sind hier eine große Familie und helfen gerne. Von Herz zu Herz, von Ohr zu Ohr. Ich spüre gerade dass Sie schon anrufen. Schön, ich freue mich. Gleich werden Sie meine Schwingung fühlen. Moment, ich ziehe mal eine Karte für den nächsten Anrufer: Ah ja, es wird um Partnerschaft gehen. Um Familie.
Sie können mich auch anrufen, wenn Sie ihre Firma neu organisieren wollen. Ich sag Ihnen, welche Mitarbeiter eine grüne Aura haben und somit nicht zu Ihnen passen. Haben Sie Ärger mit dem Vermieter? Rufen Sie ihre Glückszahl an: 0176-29272233
So, da haben wir auch schon den ersten Anrufer.

Hallo?

Hallo Angelika!

Wie heißt Du? Ich darf doch Du sagen?

Ja natürlich, ich bin die Uschi aus der Schweiz!

Ach, von da wo die Schokolade herkommt.

Äh, ja.

Na wusst ich's doch. Um was geht es Uschi?

Mein Sohn ist vor drei Tagen tödlich verunglückt und jetzt...

Das tut mir leid Uschi!

Und jetzt machen wir uns alle finanzielle Sorgen.

Ja das nimmt mich jetzt auch ganz schön mit. Ich gehe kurz in mich, hole Energie von der Akasha-Chronik-Sphäre, schicke Dir auch Kraft, Uschi, und fange an zu mischen. Sag dann einfach Stopp und denke an Deinen Jungen. Ach ja, wie hieß der Bub denn?

Michael!

Ok, ich fang an. Konzentriere Dich und sag Stopp.

Stopp.

Ja, ja, ah hier, ja. Uschi?

Ja?

Ihr Sohn ist von Ihnen gegangen und Sie sind noch nicht ganz drüber hinweg. Stimmt das?

Ja, genau.

Er hat Ihnen ein paar Probleme dagelassen.

Ein paar?

Einen ganzen Batzen, nicht wahr?

Ja genau.

Also, in den nächsten 6 Wochen kommt kein Geld von außen, aber dann sehe ich Geld. Sie haben ein geregeltes Einkommen, aber das reicht halt hinten und vorne nicht.

Richtig. Darf ich Sie noch etwas fragen?

Gerne Uschi. Ich freue mich.

Wie sieht es denn in der Partnerschaft aus?

Ok, ich werde noch einmal die Karten mischen. Ich bitte Sie, dann wieder Stopp zu sagen.

Stopp.

Nee ich hab noch nicht wirklich angefangen. Das war jetzt gerade nur ein Warmmischen.

Stopp.

Ja, ganz deutlich, Sie sind gerade allein und sehnen sich nach einem Partner.

Sie verblüffen mich. Das stimmt.

Uschi. Ich sehe da einen Mann, der Ihnen schon jetzt sehr nahe steht.

Meinen Vater?

Nein, er gibt vielleicht eine Art von Vatergefühl wieder, aber es ist nicht Ihr Vater.

Gott sei Dank, weil der ja schon tot ist.

Ja, das steht hier auch. Nein, dieser Mann müsste ungefähr 1,75 m groß sein, einen Schnauzbart tragen und irgendwas mit Fisch zu tun haben.

Ein Fischer?

In der Schweiz?

Ja, wir haben hier ja Seen.

Kennen Sie dann einen Fischer?

Nein. Aber ich bin mal gespannt.

Wäre ich an ihrer Stelle auch Uschi. Es lohnt sich auf jede Fälle, ihm die Unschuld zu geben. Ha, ha, ha.

Ha, ha, ha. Das tut gut bei Ihnen anzurufen Angelika. Ich hab schon fast meinen Sohn vergessen.

Das ist schön.

Ja finde ich auch.

Wenn Sie mal wieder Probleme haben, rufen sie mich an. Wir werden das dann schon meistern.

Mach ich.

Ja, liebe Zuschauer. Das ging mir jetzt ziemlich nahe. Ich bin ja auch nur ein Mensch und nicht aus Stein. So was geht einem immer nahe und dagegen kann man sich nicht verschließen. Da kann man auch nicht lustig rangehen. Rufen Sie mich an. Gerade hat die Uschi angerufen und sich über Partnerschaft und Finanzen informiert. Wenn auch Sie solche Probleme haben oder sich ganz andere Sachen fragen, wählen Sie doch einfach Ihre Glücksnummer: 0176-29272233"

Übrigens hab ich persönlich auch mal Karten gelegt. Auch am Telefon und zwar als Vertretung von Robert Tappeiner. Das ist ein Hypnosetherapeut, der mit einer Hellseherin verheiratet ist und mal bei mir gewohnt hat.
Er lehrte mich das Legen und es war eigentlich kinderleicht, irgendwelchen Leuten genau das zu erzählen, was sie hören wollten.
Fragt einer nach Finanzen, ist er meist gerade knapp bei Kasse und will mehr.
Fragt eine nach Partnerschaft, ist sie entweder unglücklich liiert oder ganz unliiert.
Eigentlich weiß man sofort was der Mensch möchte, der da anruft.
Die bunten Karten geben nur einen guten Erzählstrang. Man kann es aber auch übertreiben und PrimeTime macht das.
Da rufen Frauen an und fragen, ob der Mann der Richtige ist und die Leute vom Fernsehen sagen: „Juchuhhh na klar, dass ist deine Seelenverwandtschaft"
Das bringt die Anruferin dazu, bei vielleicht dem Mann zu bleiben, der ihr jeden zweiten Tag die Fresse poliert.

Ich werde die Höllenbrut weiter beobachten. Nachts auf KiKa.

Wahl 2005

Es ist 02:05 Uhr und ich kann nicht schlafen. Es ist der nun schon der vierte Tag nach der Wahl und noch immer hat man sich nicht ausgemehrt, wer denn nu regiert. Die CDU hat eigentlich die Mehrheit, aber die SPD sagt, dass die CDU ja nur gewonnen hat, weil die CSU mit drinnen ste…..
Wir machen das mal anders. Bei Mutter Schultze gibt es einen Kuchen.

Frank: CDU
Franka: CSU
Peter: SPD
Jürgen: FDP
Roberta: Grünen
Klausi: Linke

Ja, die Mutter Schultze hat heute einen sehr coolen Kuchen mit. Oben drauf ganz dick Sahne und ein paar bunte Kerzen brennen auch. Sie will den Kuchen gerne verteilen, aber stellt vorher eine kleine Aufgabe:

„Ach schaut mal. Drüben auf dem Felde haben wir wieder eine totale Marienkäferplage. Wer die meisten Käferchen platt gedrückt in ein Briefmarkenalbum klebt, der bekommt das größte Stück und der erste Sieger sogar meinen fetten Arsch zum einmal reinhauen."

Weil Frank und Franka Geschwister sind, benutzen sie ein Briefmarkenalbum und stecken da alles Plattgedrückte rein. Alle anderen sammeln für sich.
Es vergehen drei Stunden und die Schultze schaut sich die Alben an. Das Album der Geschwister ist viel voller und sie haben ein wenig mehr als Peter platt gedrückt.

Ach nee….. Das ist auch eine blöde Erklärung. Außerdem stelle ich das Wählervolk nicht wirklich gerne als platt gedrückte Käfer dar. Auch nicht, wenn Marienkäfer lustige Pünktchen haben und Kinder so zum Fasching gehen.
Der Fall ist ja völlig klar.

Ich als mehrjähriges CDU, JU und neuerdings auch Linke-Mitglied habe die Wahl beobachtet wie ein Kojote eine Kojötin nach dem Eisprung. Ich hab die Kanzlerduelle gesehen, die Hochrechnungen auf ARD, ZDF und Phönix verfolgt und die Elefantenrunde in mein Hirn posaunen lassen. Ich bin so weit in die ganze Sache verwebt, dass die Wortschöpfung Jamaika-Koalition aus meinem Munde kommen könnte. Sowieso bin ich der Meinung, dass mich mehrere Werbeagenturen jahrelang schon geistig beklauen. Ich weiß um diesen geheimnisvollen Chip in meinen Kopf. Doch zurück zum Thema.

Die CSU ist ja eine Tochterpartei der CDU und gehört sozusagen zur Firma und außerdem ist ja nur ein Buchstabe anders. Anfangs wollte man sich CDSU nennen, aber dann gab es ein paar Streitereien und die einen splitterten in CSU und der andere Teil in CDU. Das ist die ganze Geschichte. Deshalb hat eben diese Union die Wahl gewonnen. Irgendwie jedenfalls.

Weil aber Gerhard Schröder den Kanzleramtsbesetzer spielen muss (Achtung neue Wortschöpfung) sagt der: „Nö, nö, gewonnen hat eigentlich meine Parteiumrahmung und alle anderen sind blöde Spießgesellen". Bei der Elefantenrunde merkte man schnell, dass schlechtgewählte Politiker beißen und andere unzufriedene Politikerinnen lieber vom Weltuntergang alpträumen.

Eine Masse hat keine Partei. Vorbei sind die Zeiten einer haushohen Mehrheit. Das Volk weiß genau, dass es immer nur das Gleiche wählen kann. Die einzige Chance währe die NPD oder irgendein anderer Dreckshaufen, aber dann ist ja wieder Krieg und die Rechten können ja nur Keulen schwingen. Na dann doch lieber geordnete alte Verhältnisse, aber is ja trotzdem blöd.

Die Linkspartei war so eine Alternative. Keiner weiß, was gewesen wäre, wenn die eine Mehrheit gehabt hätten. Vielleicht würden die ja toppi regieren und uns aus dem Finanzloch herausholen. Wir wären ein zweites Norwegen, eine dritte Schweiz und ein mittelaltes Deutschland. Doch nu?

Jetzt muss wieder koaliert werden, die Parteien treffen sich untereinander und dann versucht man auf einen Nenner zu kommen. Die Linken werden natürlich nicht berücksichtigt. Die haben zwar 8 Prozent bekommen und stehen gar nicht so blöd da, aber die Menschen, die diese Partei gewählt haben müssen sich verkreuzt haben oder völlig auf Droge gewesen sein. Außerdem war das sicher ein anderes Volk von irgendwoher.

Nun gibt es, glaube ich, vier Möglichkeiten.

Neuwahl (macht der Köhler nich mit)
Jamaika-Koalition: CDU, FDP, Grüne (schwierig weil andere Inhalte)
Große Koalition: CDU und SPD (Stillstand und keine Sau will auf seinen Kanzler/Kanzlerin verzichten)
Ampelkoalition: SPD-FDP-Grüne (geht nicht, weil FDP loyal zur CDU steht)

Also ein richtiger kleiner Krimi und der ist arm dran, der sich nicht dafür interessiert und bei Politik schnell wieder auf Talkshows umzappt.

Hat man vielleicht irgendwas übersehen? Könnte vielleicht auch noch irgendwas anderes eintreffen um eine andere Möglichkeit herbeizuführen? Hier ein paar Szenarien:

Geiselnahme

Beide Kanzlerkandidaten werden vor ihren Parteizentralen von radikalen Bürgern entführt. In einem Bekennerpaket (Neue Wortschöpfung) findet man drei Finger von der Merkel und ein Ohr von Schröder. Man gebe die beiden Politiker erst wieder heraus, wenn man sofort eine Anarchie ausrufen würde und alle Parteien verbiete. (Achtung: Paradoxie)

Fälschung

Der Verantwortliche für die Wahl wird mit sechs Bier bestochen. Daraufhin erklärt der, dass alle Walhelfer sich verzählt haben und noch mal ausgezählt werden muss. Vorher wurden die alten Zettel durch neue ersetzt und schwuppdiwupp die Linken gewinnen mit 90 % und der Rest geht an die NPD.

Volksentscheid

War nicht davon die Rede, dass ganz viele Politiker bedauert haben, dass es keinen Volksentscheid gibt? Hier kann man ihn doch jetzt echt gut einsetzen. Man kann es sogar gut begründen! Weil es halt so knapp war, sollen die Menschen nun den Kanzler direkt wählen. Damit Schröder die Schnauze hält und Merkel machen kann was sie will. Lustiger wäre dann aber, wenn keiner diesen Volksentscheid wahrnimmt. Oder halt nur zwei. Eins zu eins. Schade, dass das nie passieren wird.

Vielleicht sollte man noch warten, bis Dresden auch dann nachwählt und zählt. Da wird die Wahl doch um zwei Wochen verschoben, weil eine NPD-Kandidatin gestorben ist. Kommt Ihnen das nicht auch verdächtig vor? Gerade jetzt bei so einer Konstellation? Irgendwie kann ja nun auch nichts mehr dolles passieren, aber irgendwas kommt. Schauen wir weiter Fernsehen und lassen uns an der Nase herumführen. Da oben wird sowieso gemacht, was die da unten nicht wollen. So lange bis man mal außer Seitenblicke auch mal hinter die Fassaden schaut. Wir brauchen 200 Michael Moores und das lustige ist, das jeder von uns einer werden kann. Nur anfangen müssen wir.

Spontanspaltung

Einer der ersten zuverlässigen Berichte über Selbstspaltung beschreibt den Tod einer jungen Pfarrerstochter in Bobitz. Nach Aussage ihres Vaters stand die kleine Johanna gerade am Fenster und wollte frische Landluft ganz tief in sich einatmen. Das sah er noch. Als er dann nach einem Zeitungsblick noch einmal hinschaute, bot sich ihm ein grässlicher Anblick. Die Bobitzer Landzeitung berichtet darüber:

„Der arme Vater fand im Hause nur noch einen Teil seiner Tochter. Überall Blut, Gedärme und Adergedöns. Die kleine Johanna war wie von Gottes Hand in der Mitte durchgeteilt und die andere Hälfte fand dann die Feuerwehr unter dem Fenster in den Büschen. Sogar die Knochen waren in der Mitte zerteilt. Die Gerichtsmediziner fanden keine Schneidspuren. Nur das Gehirn lag ganz unbeschadet auf dem Fensterbrett. Die Ermittler ermitteln im Dunkeln".

Diese Beschreibung ähnelt den heutigen Fällen. Sorgfältige Forschungen des Historikers Basilius Pinkeninken brachten den Fall „Frank Ahmung" ans Licht. Der Briefträger John Eppen fand die geteilte Leiche, als er einen Brief in den Türschlitz stecken wollte. Wie von Geisterhand öffnete sich die Tür und im Flur lag dann ein matschiges, rotes Gehirn mit zwei Menschenhälften daneben. Das Blut war überall in kleinen Tröpfchen verteilt. Am Flurspiegel konnte man in den Lebenssaftspuren sogar kleine Mädchen sehen, wenn man Fantasie hatte. Ein angerufener Notarzt fand auch hier keine Gewalteinwirkung.

Man nahm an, Ahmung sei über eine Durchzugswehe gestolpert, oben war das Fenster offen und unten auch, und habe sich dann am Parkett den Körper entzweigeschnitten. Man war sich sicher, einen riesigen Splitter irgendwo noch irgendwann zu finden. Weiter ging man davon aus, dass der Briefträger, der Gerichtsmediziner und alle anderen Beteiligten ein wenig übertrieben haben mussten. Aus einem abgetrenntem Finger macht man auch gerne einen abgetrennten Arm. Außerdem habe sogar Ahmung übertrieben.

Pinkeninken wies in einem Bericht im Magazin „Kotzbrellos Fozenkurier" auf verschiedene Widersprüche dieser Version hin, die vorher noch keinem aufgefallen waren.

Ahmung hatte zum Beispiel noch niemals Parkett in seinem Flur und außerdem auch komischerweise seinen teuersten Anzug an. Zieht man doch nicht an, wenn man sich dann in zwei Stücke schneiden will.

Nur in wenigen Fällen wird die Selbstspaltung beim Namen genannt, denn eigentlich gibt es sie nicht. Die Leichenbegucker müssen sich den physikalischen und medizinischen Gesetzen unterwerfen und können solche Sperenzchen gar nicht zulassen. Infolgedessen ist die Rede von Mücken mit neuartigen Sägewerkzeugen, unvorsichtigen schwarzen Löchern, die sich auf Erden öffnen, keine Ahnung und Mord und Totschlag. Diese Ursachen werden akzeptiert, weil die einzige Alternative viel zu irreal scheint.

Ursache bleibt verborgen. Ich wünsche Ihnen keine Spontanspaltung.

Hans Dampf

Er ist der Hans Dampf, den alle hassen. Ein stark beschriebenes Blatt im Künstlerdschungel. Hans Dampf, der zeit seines Lebens dummen Anfeindungen offensiv gegenüberstand. Wie oft musste er sich diesen Vergleich mit dem Typen aus diesem Spruch „....in allen Gassen" anhören und wie oft hat er dann erwidert:

„Ha, ha, ja, ja ist ja alles ganz lustig, aber ich schneid Dir gleich Deine Augenlider ab und werfe sie ins nächste Hundemäulchen"

Geboren wurde Hans Dampf 1969 im wunderschönen Spreewald. Hier besaßen seine Eltern ein Häuschen auf einer Viertelinsel. Erst wurde er zwangsläufig Pionier, dann zwangsläufig FDJler und dann trat er 1989 zwangsläufig aus der Partei wieder aus. Das war damals so. War man nach dem Zusammenfall der DDR noch in der Partei, wurde man schief angeguckt und das missfiel dem Dampf.
Durch die geöffneten Mauern kamen dann die ersten westlichen Kulturgüter in den Osten geschwappt. Kunst ohne Hammer und Sichel. Gemälde, die nicht auf Honeckers Haut gespachtelt wurden. Skulpturen, die nicht aus festem Nasensekret Wilhelm Piecks gemeißelt waren.
Und er fing an, sich für diese Lebensrichtung zu interessieren. Er lieh sich ganz viel Bücher aus, schaute durch Galeriefensterscheiben und unterhielt sich mit Bekannten übers Malen. Ein Dialog ging so:

Du bist doch nicht betrunken oder?

Ich, betrunken?

Ja, Du siehst irgendwie so aus.

Nee Danke. Nee, bin ich nicht.

Schade.

Wieso schade?

Na weil ich gerade vorhatte ein Bild mit dem Titel „Der Betrunkene" zu malen. Und da wärst Du genau der Richtige.

Ich bin aber nicht betrunken.

Ja, hast Du schon gesagt, aber vielleicht lässt Du Dich einfach malen und ich tu so als wenn Du besoffen bist…

Für eine Schachtel Pralinen und eine CD der Prinzen ließ er sich malen und Hans Dampf erschuf sein erstes Bild. Das bunkerte er hinter seiner Schlafcouch. An die Öffentlichkeit gelangte dieses Bild nie. Hans war noch nicht so weit. Doch er hatte großen Gefallen an der Malerei gefunden und das ließ ihn nicht mehr los.
Überall, wo er sich befand, schuf er bald kleine Kunstbilder. Bevor zum Beispiel ein Passant stolperte und seinen Einkaufstüteninhalt über die Teerstraße verteilte, hatte Hans diese Szene schon gezeichnet. Manchmal noch genauer als die Realität es wiedergeben zu versuchte. Atmen war für ihn dasselbe wie Bilder zeichnen. Es kam sogar vor, dass er in seinen Nächten von Farben träumte und diese dann versuchte am nächsten Tag durchs mischen herzustellen.

Weil Hans Dampf seine gesamte Energie nur noch in die Malerei steckte, kapselte er sich von anderen Menschen völlig ab. Er wurde einsam und konnte sich davon nichts kaufen. Irgendwie schaffte diese Einsamkeit aber einen hintergründigen Seelenschmerz, der eine Rettungszentrale aktivierte, die wiederum dann neue Energie produzierte. Die wanderte dann auch noch in die Bilder. In dieser Phase, später sollte sie Eremitenperiode genannt werden, malt er Werke mit so vortrefflichen Namen wie: „Kippenloser Chromaschenbecher", „Mit Sekt gefülltes Weizenbierglas" und „Hurra, die Straße schneit Schnee".

Dampf hatte keinen definierbaren Stil. Mal malte er kubistisch abstrakt und dann wunderschöne Stillleben. „Bananenhaut im Gewehrlauf" oder „Registrierkasse mit Räucheraal". Man konnte ihn nicht greifen und hätte es auch nicht können, wenn er anders gemalt hätte, denn er malte ja immer noch nur für sich. Die Eltern drängten auf eine ordentliche, das Arbeitsamt auf eine unordentliche Arbeit und er hatte irgendwie schon das Richtige gefunden.

Eines Tages, das Geld war knapp, fuhr er auf den regionalen Flohmarkt und wollte seine Schlafcouch verkaufen. Beim Abladen auf den Platz klatschte das Bild „Der Betrunkene" auf

den Asphalt und Hans drapierte es dann nur so als Scherz auf die Couch. Es wurde verkauft. An einen ganz anderen Maler, der aber leider nur die Leinwand haben wollte und später einfach ein anderes Bild drübermalte. Doch dieser Verkauf änderte irgendwas in seiner Innenwelt. Er bekam Selbstbewusstsein. Es war auch völlig egal, dass dieses Bild nur 2 Mark eingebracht hatte. Eigentlich hatte Dampf sowieso nur 20 Pfennig verlangt, aber wurde dann halt hoch geboten. Außerdem hätte er auch gar keine 2 Mark wechseln können. So arm war er.
Die Couch, keiner wollte die haben, ließ er übrigens stehen und irgendwann wurde sie von viel Regen in einen undefinierbaren Brei verwandelt.

Durch die neu erworbene Selbstsicherheit stellte sich Hans zwei Wochen später mit all seinen Werken auf diesen Markt. In seiner Biographie steht, dass er von 628 Werken damals 20 verkaufte. Ernstzunehmenden Leuten ist aber zu entlocken, dass er damals nur drei Bilder verkaufte. Diese Ölbilder befinden sich heute in Privatbesitz und es handelt sich natürlich um „Der grüne Halunke", „Taufrische Taufe" und „Unangeküsstes Teelicht". Letzteres Bild gehört zu seiner kurzen schwulen Phase, aber darüber vielleicht nachher ein wenig mehr. Für jedes ungerahmte Bild nahm er wieder zwei Mark ein.
Frau Doreen Nagelwistel erwarb den grünen Halunken und kann sich noch jetzt an den Dialog mit dem Künstler erinnern:

Was ist das denn?

Verehrte Dame, dies ist der grüne Halunke. Erkennbar auch an der vielen grünen Farbe.

Ach fein. Ich hab da auf meinem Grundstück eine fürchterlich kahle Stelle im Rasen. Da könnte ich mir dieses grüne Gewebe gut drauflegen.

Natürlich.

Was wollen sie dafür haben?

Zwei Mark!

Ich geb Ihnen fünf!

71

Nein, soviel wert ist das ja nicht. Die Leinwand und die Farben haben zwar schon 12 Mark gekostet, aber ich hab ja auch drauf gemalt. Das darf man nicht vergessen.

Vier Mark?

Sagen wir 2,10!

Drei!

2,20!

Ok, 2,20!!

Toll.

Dem Dampf müssen hier die Scheuklappen weggesegelt sein. Er hatte innerhalb von zwei Wochen den Wert seiner Werke um 10 % gesteigert. Er sah sich schon in Sachen ohne Blutflecken und einer richtigen Wohnung mit gut gedecktem Dach. Es folgten drei Jahre auf dem Markt. Die Preise seiner Bilder stiegen und stiegen und irgendwann gelangte der Galerist Noah Guschmen an den Stand und bekam große Augen. Ohrenzeugen berichten von einem Bewunderungsbrubbeln.

Sagen Sie einmal, kennen Sie den Künstler dieser Werke?

Den was?

Den Künstler!

Wenn sie das hier meinen. Die Farbe hab ich draufgemacht. Das Bild, was Sie da halten, heißt „Kommunistische Zettelwirtschaft im Schnabel einer Schildkröte" und sie können das Bild für 4,30 Mark haben.

Sie sind der Künstler?

Ja, und dann unterhielten sich Guschmen und Dampf noch ein wenig weiter. Die Galerie Guschmen stellte dann auch die Werke Dampfs aus. Man nannte sich bald Hans und Noah und es dauerte eine ganze Weile und mehrere Preisetappen, bis der Künstler sich getraute 1000 Mark für ein Bild zu verlangen. Und das komische war, dass die Besucher auch gerne diesen Preis bezahlten. Das erste Bild, das für diesen Betrag über die Galerietheke ging, war das bekannte Werk „Amarettoarmee". Abgebildet ist eine Armee aus Amarettoflaschen. Damit wollte er seinen eigenen Kampf gegen die Alkoholsucht darstellen.

Alles hätte so schön werden können, aber als er bemerkte, dass man mehr als die Materialkosten für ein Bild verlangen konnte, wurde er größenwahnsinnig. Irgendwann konnte sich keiner mehr die Bilder leisten.

So endete leider die Glanzzeit dieses Künstlers.

Heute, so hört man, malt er auf ganz anderem Wege. Eine ganz neue Kunstrichtung hat er initiiert. Leider gibt es dafür noch keinen speziellen Namen. Man könnte es aber als malerische Rodung bezeichnen. Seine filigranen Linien und fetten Tupfer kann man nur aus einem hoch fliegendem Flugzeug betrachten und derzeit tut man das am besten in Brasilien. Hier benutzt er den Regenwald als Leinwand, das Feuer als Pinsel und seinen Größenwahn als Antrieb.

Schade, dass es so mit ihm enden musste und kein Wunder, und da kann er noch so viele Klagen einreichen wie er will, dass man ihn nun „Hans Dampf, den alle hassen" nennt.

Eisbeinfliegen im Weltall

Das ist nun schon mein zweiter Fruchtfliegentext. Irgendwie
scheinen die mich zu verfolgen. Egal in welche Wohnung ich
ziehe und wie genau ich darauf achte, dass ich keine
Essensachen im Wohnungsmuff verwesen lasse, sie kommen
immer wieder. Und es scheint so, als würde es immer die
gleiche Sippschaft sein.

Seit drei Wochen sind sie nun wieder da. Schweben
geräuschlos über dem Bett, vor dem Computerbildschirm und
sitzen ansonsten überall herum und schwirren in Scharen auf,
wenn man irgendwas berührt. Ganz schlimm ist es in der
Küche. Und dabei hab ich da wirklich nichts liegen. Hinter dem
Herd liegt kein halbes Hühnchen im Fäulnismantel und auch
der Mülleimer ist ordentlich isoliert. Wo also sind die Viecher
entstanden? Wo kommen die her? Von draußen sind sie sicher
nicht gekommen. Die sind ja so winzig und leicht, dass jedes
laue Lüftchen sie sofort von diesem Planeten ins kalte All
schleudern würde. Draußen können die gar nicht überleben
und können schon gar nicht entstanden sein.

Wobei vielleicht ist das so, wie bei Kaulquappen. Die meisten
werden gefressen/ werden ins All geweht und ein paar
werden größer/retten sich in irgendwelche Küchenfenster und
zerren dort vom Bratenfett versteckter, schwer putzbarer
Winkel.

Doch ich habe eine wirksame Waffe entwickelt und wie alles
Phänomenale durch einen Zufall. Weißwein. Eigentlich hätte
man auch so darauf kommen können. Fruchtfliegen heißen ja
so, weil sie Früchte ganz lecker finden. Ansonsten würden sie ja
Smartie-, Vanilleeis-, oder Eisbeinfliegen heißen. Und weil sie
Früchte ganz lecker finden, mögen sie auch Weintrauben und
die sind ja nun mal Hauptbestandteil von Weißwein (Hoffe ich
doch).
Ein Glas mit eben dieser Flüssigkeit hab ich neben meinem PC
im Schlafzimmer stehen lassen.
Am nächsten Tag fand ich darin auch ein paar Fruchtfliegen.
Ein paar schwammen sogar noch halblebendig von einer
Glaswand zur anderen. Ich hatte wenig bis gar kein Mitleid.
Natürlich war es auch eher ein Tropfen auf den heißen Stein.
Bei einer Million Scheißhausfliegen nutzt es auch nichts, wenn
die Klofrau mit einer Zwille durch ihre Klocation rennt und

versucht, jede Fliege einzeln abzuballern.

Und wenn ich mit Hilfe eines Glases 10 Viecher töte, sind woanders schon wieder 80 neue Fruchtfliegen dazugekommen.

Und die scheinen auch gar nicht wie normale Fliegen auch mal zu sterben. Normale Fliegen findet man ja manchmal unter den Stubenfenstern. Brüchig erstarrt und man geht dann davon aus, dass sie halt zu alt geworden sind oder dieses ganze Scheibenbefliegen doch nicht durchgehalten haben. Auf jeden Fall findet man von normalen Hausfliegen immer ein paar Reste. Fruchtfliegen hingegen sterben gar nicht. Also auf natürlichem Wege.

Mit dem Glas Weißwein geht das ja. Das steht jetzt schon ein paar Tage hier neben dem Computer und eine Sache erstaunt mich zutiefst. Gestern konnte ich beobachten, dass aus den kleinen Fliegenköpfen irgendwie weiße Sporen zu wachsen scheinen. Aus den Hinterteilen kam nichts. Nur an allen Köpfen bildeten sich weiße Inseln. Und heute guck ich noch mal rein und finde noch größere Inseln vor und jetzt besitzen sie sogar Berge und sehen irgendwie wie Schimmel aus. Fruchtfliegenhirnschimmel? Kann es das sein? Und was passiert damit, wenn ich das einfach wachsen lasse? Moment, wenn ich so in das Glas schaue, dann wird mir bewusst, dass das irgendwie ja total clever ist, denn wenn jetzt eine Fliege in dieses Glas fällt, dann fällt es nicht in den Wein und ersäuft, sondern auf eine weiche Insel, rappelt sich wieder auf und fliegt weiter.

Vielleicht haben die Fruchtfliegen den letzten Denkimpuls gehabt „Das Hirn muss schnell verwesen damit nicht das ganze Volk hier ertrinkt". Und dieser Gedanke verwuchert jetzt das Glas.

Na ja werde ich die obere Schicht wohl abschöpfen müssen. Dann schnell ins Klo, runterspülen und dann können die sich in der Kläranlage mal mit der Sache beschäftigen.

Ich werde noch mehr Köder legen. Viele kleine Gläser mit Wein und vielleicht werde ich mir auch eine Zwille mit hundert Abschussvorrichtungen bauen.

Cleverer würde es aber sein, einmal richtig durchzulüften, damit die Fruchtfliegen alle schön ins All geweht werden.

Schade, dass ich darauf nicht komme.

Der esoterische Ladyboy

In meinem Partnerschaftskreis, also ich und Freundin, ist es gerade in, zu jedem Ladyboy zu sagen und ich kann sogar aufschlüsseln was das ist, weil es das wirklich gibt.
In einer Fernsehreportage ging es nämlich um diese Geschöpfe und um uns Deutsche. Irgendwelche Landsleute ziehen nämlich waldweise nach Bangkok und heiraten da wahllos irgendwelche Frauen. Irgendwann, spätestens in der Hochzeitsnacht, finden sie ihre fummelnden und speckigen Fingerchen an einem langem fleischigen Hahn wieder und platzen vor Schreck.

Und wenn sie nicht geplatzt sind, wundern sie sich, bestellen einen Dolmetscher und bekommen heraus, dass es ja ein Ladyboy ist. Ein Mann mit Brüsten, hollalah, und das hätte der doch sehen müssen. Manchmal werden die Deutschen dann von den Ladyboys sogar ausgelacht. Mit einer bösen und verzerrten FrauenMänner-Mischmachlache.

Der Film jedoch berichtete von zufriedenen Ladyboy-Germanen-Paaren. Ich hab noch den O-Ton im Gehirn.

„Ach na ja ist doch egal, wo die Liebe hinfällt und das sie eigentlich ein Kerl ist, ist eigentlich ganz angenehm. Er/Sie weiß wenigstens was ich so mag. Aber ich bin nicht schwul. Nee, nee, nee und noch mal nee.“

Natürlich ist Heinz nicht schwul. Er weiß ja, dass der Bericht auch in seinem Heimatort Bobitz ausgestrahlt wird und dass sein Stammtisch ganz schön beschissen finden würde. Nein, schwul ist das nicht, einen Mann mit Brüsten zu orgastieren. Oder sich von ihm zu orgastieren.

Und von Berichten im Fernsehen ist es ein kleiner Augenschwenksprung zu Zeitschriften. Eine heißt „2000“ und es geht darin nur um esoterische Hintergründe, Verschwörungen und ich hab mich wirklich tief in diese Schrift vertieft.
Jetzt weiß ich, dass Hautkrebs eine Erfindung der Sonnenschutzmilchindustrie ist und der Himmel nicht mehr so blau aussieht weil die Luftwaffe Zeug in die Atmosphäre sprüht. Des Weiteren ist bei einem Fischhändler ein Fisch aufgetaucht, dem ihm irgendwelche Muselmanen geschenkt haben, der

auf der einen Seite „Allah" stehen hat und auf der anderen Seite „Heidi". Quatsch ich meine „Mohamed". Also auf der einen Seite „Mohamed" und auf der anderen Seite „Heidi".

Ach ja, die Mondlandung wurde noch mal beschrieben und das ja alles nur getürkt ist (alter Hut) und irgendwo gab es Leserbriefe.
In einem Leserbrief schreibt ein Medium. Dieses hat Verbindung aufgenommen mit Außerirdischen und erzählt (O-Sicht):

„Die Außerirdischen machen seit 2003 die Atmosphäre für Euch nicht mehr sauber. Das führt zum Ende. Pech gehabt."

Wenn ich ehrlich bin, ist das eine von mir umgedichtete Kurzfassung. Sinn ist aber echt.

Beinahe hätte ich ja vergessen, dass der Mond aus Titan ist und von den Azteken da aufgestellt wurde. Sie glauben nicht, dass das da so steht? Siehe Ausgabe Juli/August 2005. Viel Spaß.

Und jetzt muss ich grad mal zu meinem süßen Ladyboy ins Nebenzimmer und diese Verschwörungstheorie Helmut Kohl gleich dicker Hitler ausdiskutieren.

Pornos und Väter

Endlich hab ich wieder Microsoft Word. Nur mit Wordpad zu arbeiten ist wie Holzfiguren mit einem Plastemesser schnitzen.

Soeben hab ich meine Schuhe ausgezogen, die Socken und meine Füße bilden ein Feuchtbiotop mit Milliarden Bakterien und ich genehmige mir zur Wordfeier/zur Einweihung ein richtig schönes Weizenbier. Natürlich bester Qualität und wunderbarstem Design.

Bei meiner letzten Lesung mit Kollegen gewissem Tissler hab ich ganz vergessen, ein Weizenbier zu trinken. Eigentlich ist das ja mein Markenzeichen. Die Leute sollen schon wissen, dass wenn irgendwo beschriebene Blätter und ein Glas Weizen zusammenstehen, ich sicher nicht weit bin. Ja, super Markenzeichen.

Dieser Herr Tissler hat es sich zum Markenzeichen gemacht, eine Armbanduhr ausgestreckt auf den Lesetisch zu legen. Dies hat er mir verraten, als auch ich meine so justieren wollte. Hab ich dann natürlich gleich sein lassen. Man sollte stille Wasser nicht reizen und man sollte schon gar nicht Brausepulver reinschütten, weil dann alles überschäumt und man letztendlich darin vergeht.

So, mein Bier ist auf, wurde angesetzt und meinen Schlund wälzt sich jetzt zuckersüßer Schaum hinunter.

Apropos Schaum. Der Mann an sich ist ja ein ganz schön instinktgesteuertes Lebewesen nicht wahr? Und es ist ja auch bekannt, dass Männer gerne mal (es gibt auch Frauen von dieser Sorte) fremdgehen, anderweitig sich verlustieren oder ihre Frauen glattweg betrügen. Ich will mich da gar nicht freisprechen, so war ich auch mal und hätte ich nicht die Frau, die ich gerade habe und eine andere, würde ich sicher nebenbei nach ihr suchen, was fremdgehen bedeuten würde. (Wie viele Kommas waren jetzt falsch?)
Trotz allem ist in einem der Drang, auch in mir. Neues Fleisch, neue Frauen, neue Körper erkunden und dann mit allen Sinnen überrennen. Doch es gibt Abhilfe gegen diese blöde Sucht/gegen diesen Instinkt. Pornos. Ja, es gibt ganz viele Filmchen, Heftchen und Geschichtchen und mit diesen Hilfsmitteln kann man in seiner Fantasie den Instinkt lassen.

So funktioniert dann auch eine Partnerschaft.

Apropos Partnerschaft. Da fällt mir eine Begegnung im Zug ein. Eigentlich war es gar keine Begegnung und eigentlich hat es auch nichts mit Partnerschaft zu tun.
Im Grunde kann eine Überleitung auch mal missglücken und ich bin der Meinung, dass man sich deshalb auch nicht entschuldigen muss oder so.
Da saß also ein paar Plätze vor mir eine Kleinfamilie. Vater, Mutter und kleiner Junge. Kleiner Junge fing auf einmal an, dass er doch Rennsportprofi werden wolle. Natürlich mit hautengem Trikot und einem geilen Fahrrad. Als er dies geäußert hatte, atmete der Papa tief ein, tief aus und erzählte dann, dass sich die Sportler diese Trikots nach einem richtigen Rennen mit einer Schere vom Leib schneiden müssen und das dabei ziemlich oft auch in die Haut geschnitten werde. Dann offenbarte er, dass nur wenige Radrennsportler wirklich viel Geld bekommen würden, dass es bis dahin ein wirklich weiter Weg sei und man auf nichts hoffen brauche. Und als Krönung erzählte er: „Wenn dieser Jan Ullrich oder so mal hinfällt und sich irgendwas aufscheuert und der Anzug kaputt geht, geht der mit in die Wunde rein und irgendwann muss der sich unter der Dusche dann die Wunde mit einem harten Schwamm wieder aufscheuern. Sonst heilt das nämlich nicht.

Der Junge war nach diesen Erörterungen natürlich total motiviert, meinte nur noch; „Ja dann spiel ich eben weiter nur Fußball".
Ich hörte den Vater noch tief einatmen und dann musste ich aussteigen.

Und wo wir schon bei Vater sind. So wie es aussieht, werde ich das ja bald selber. Ich freue mich ungemein und doch hat man eine tierische Angst, dass man genau so ein beschissener Vater wie dieser Zugpapi wird. Ich will immer ein lieber, verständnisvoller und zärtlicher Vater sein. Einer, mit dem man Pferde stehlen und auffressen kann. Der über eine 5 in Mathe müde lächelt, aber für eine 5 in Deutsch vergessen kann, dass er ein Mensch ist.
Ich muss mich zusammenreißen mit meinem Leben. Ich leb nicht mehr für mich allein. Und das ist mal kein Stress, sondern wunderbar.

Bekanntenfeindlichkeit

Die Ablehnung von Bekannten und vertrauten Personen kennt viele Gesichter: Sie reicht von subtilen Formen der Ablehnung bis hin zu bekanntenfeindlich motivierten Gewalttaten und Übergriffen. Die sympathisch motivierte Bekanntenfeindlichkeit ist wesentlicher Bestandteil der Antifreundschaftsideologie. Bekanntenfeindlichkeit beschreibt die Haltung der antifreundschaftlichen Persönlichkeit genauer als der Begriff Hierdawoichkenndenfeindlichkeit. Denn ein Antifreundschaftler bekämpft auch die zu Fremden gewordenen Bekanntschaften, nicht jedoch diejenigen Bekannten, die der Familie angehören. Hinzu kommt die Forderung, Bekannte aus dem Kenn-Umfeld auszuweisen, weil diese schnell Freunde werden könnten. Allein das diffuse Gefühl der Bedrohung durch Freundschaft genügt nicht, um die Annahme einer antifreundschaftlichen Haltung zu untermauern.

Denn der Antifreund trachtet Angehörigen der Bekannten, insbesondere sympathischen Zeitgenossen, aus antifreundschaftlicher Motivation nach der Gesundheit oder nimmt zumindest in Kauf, dass diese an Leben oder Gesundheit geschädigt werden. Er spricht den Zielpersonen seiner Angriffe das Grundrecht auf Freundschaft ab.

Oftmals werden am Bekannten Bedrohungsszenarien und Gefühle der eigenen Defizite ausgemacht, die keine rationale Basis haben. So zeigt sich gerade am Beispiel von Max und Moritz, dass ein konkreter Freund nicht unmittelbar mit einem schönen Weiterleben in Zusammenhang steht. Die Beiden haben eine sehr geringe Lebenszeit, waren so ungefähr zwischen 6 und 14 als sie starben.
Die Frage der Ursachen dieses frühzeitigen Todes wird sehr kontrovers diskutiert. Wurde zunächst davon ausgegangen, dass die typische Freundschaft und Sympathie ins schwierige Milieu und somit zum Tode leitet, so zeigen neuere Untersuchungen, dass die Freunde nur in wenigen Fällen in ein schwieriges Milieu abdriften.
Allerdings sind Freundschaften in der Tat eher in den unteren Bildungsschichten vertreten. Bekanntenfeindliche Bürger sind Einzeller, sie begehen ihr Leben in einer Gruppe von höchstens einer Personen und das ist nur förderlich. Der größte Teil der Jugendlichen und Heranwachsende unter 21 Jahren werden

oft Opfer der Freundschaften. Die sog. "Jugendarbeit" hat sich nicht als geeignete Präventivmaßnahme erwiesen, sondern diese hat vielmehr den Aufbau von Freundschaften begünstigt und dies sogar mit öffentlichen Geldern. Aufgabe des Staats ist es, Freundschaften und Bekanntheitsgewusel sozial zu ächten und mit rechtsstaatlichen Mitteln zu verfolgen. Dazu gehört auch die Beobachtung der Cliquen.

Ziege, Cola und Rotkohl

Ein Artikel im Stern Nr. 28 (2005) berichtet von einem
Sondereinsatzkommando in Afghanistan. Unter einem Foto,
auf dem ein Soldat mit Ziege posiert (Er schaut runter und die
Ziege nach oben. Es sieht so aus, als würde sie ihn küssen) steht
geschrieben:

„Das Tier musste später aus hygienischen Gründen das Lager
verlassen"

Wieso hat man das so geschrieben? Weil die Ziege eine
Infektion bekommen hat? Ist das so wichtig?
Ich glaube eher, da brauch man auch nicht viel Fantasie zu,
dass diese Spezialeinheit sich die Ziege sexuell vorgeknöpft
hat. Dann hat der „normale" Oberkommandant das
herausbekommen und die Ziege wegschaffen lassen. Essen
wollte die keiner mehr.

Mich würde interessieren, wohin die Ziege gekommen ist. Zu
einer anderen Spezialeinheit? Und haftet diesem Tier noch die
alte Vergangenheit an? Wissen die neuen Soldaten davon?

Irgendwie verstehe ich ja schon, dass Soldaten irgendwo in
der Einöde einen ziemlichen Samenstau bekommen, aber
eine Ziege? Nee, nee das fässt mir nicht so in den Schritt.

Ein anderes Foto zeigt zwei nackte Männer auf einem Dach.
Sie liegen ganz locker da und sonnen sich. Drunter steht:

„Dieser Bereich ist nur für die Spezialkräfte zugänglich"

Hallo? Warum denn das? Würde ein „normaler" Soldat bei
irgendwas „speziellem" stören?
Wie wird man eigentlich Spezialsoldat? Muss man da eine
gewisse spezielle Perversität vorweisen können? Muss man es
lieben, Stühle zu ficken? Wie ich jetzt darauf komme?
Nun ja, ein verfängliches Foto hab ich da noch gefunden.
Darauf ist ein verkrüppelter Stuhl mit Aufklebern zu sehen.
Untertitelt ist das ganze mit:

Am Stuhl lassen die Soldaten ihre Wut aus. Auf einem
Aufkleber stecht „Fick Dich".

Also wirklich.

Eine Zeitschrift später stoße ich auf Leserbriefe in einer Frauenzeitschrift. Da fragt eine Anonyme;

„Stimmt es, dass man mit Cola verhüten kann?"

Die Redakteure antworten, dass dies total richtig und an der Harvard-Uni bestätigt worden sei und am besten funktioniere übrigens Cola light.

Bei den Tests wäre ich gerne dabei gewesen und die Testpersonen würde ich mal gerne auf einen Schluck Cola treffen. Welche Frau macht solche Tests mit? Hat man da in der Zeitung gesucht?

„Suchen Frauen, die Spaß am Sex und Cola haben. Genießen sie mal Cola da, wo sie eigentlich wieder herauskommt. Ein ganz stark prickelndes Gefühl. Rufen Sie noch heute an."

Jetzt stelle ich mir vor, wie das die Runde macht. Die Frauen quatschen ja wie Maschinengewehre und bald wissen alle Weibsbilder, dass man die Pille gar nicht mehr brauch. So spart man gerade in dieser Zeit ein paar Euros und Cola gibt es ja auch überall. Will man sich als Frau in einer Disco auf dem Klo hingeben, kann man gleich die Cola benutzen, an der man gerade noch genippt hat. Vielleicht segnet der neue Papst ja sogar Cola für diesen Zweck ab. Vielleicht schon bei der nächsten Osterrede.

So wird man sicher bald überall neben den Betten Coladosen horten. Nach Ejakulation muss der Mann dann ganz schnell die Dose öffnen und reinschütten, oder schütteln und reinspritzen. Je nach Lust nach der Lust.

Die Prostituierten werden dann folgendes Angebot machen:

„Mit Cola 100 Euro, ohne 200 Euro."

Na dann Prost.

Und dann noch eine Frauenzeitschrift (Lisa, Lea, Petra, Lena oder Fotze). Vergessen Sie Ufos, fliegende Gurus die Gold scheißen oder einen Mann der aus einem zerknickten Strohalm die Schlachtpläne des dritten Weltkriegs herauslesen kann. Viel paranormaler, esoterischer und verblüffender ist Rotkohl. Ja, da werden nun ihre Augen groß werden und sie fragen sich, warum denn Rotkohl. Bekommen sie bloß keine Angst. Nein, es wird nicht geschadet haben, dass sie sich noch gestern die Wampe mit Rotkohl dellig gemacht haben und ihnen wird auch kein Alien-Monster aus dem Oberkörper springen.

Auch sind die Kohlbälle nicht irgendwie auf einmal zu Lebewesen geworden. Keine Angst.

Nein, dass äußerst erstaunliche ist, dass Rotkohl mehr Vitamin C einheimst, wenn man ihn kocht. Ja, der Vitamin C Bestandteil wird erhöht und keiner weiß warum. Was ist da los? Wo kommt das her? Bilden sich durch brubbelnde Kochblasen klitzekleine Vitamin C-Türen in andere Dimensionen? Und wenn Vitamin C mehr wird, was wird dann weniger?

Vielleicht lässt sich die ganze Welt erklären, wenn man diesem Geheimnis nur intensiver nachgehen würde. So schreibt nur eine lapidare Frauenzeitschrift von dieser Entdeckung und es wird bald wieder vergessen sein. Ich will nicht wissen, wie oft schon in irgendwelcher Zeitschrift oder Zeitung die Weltformel stand oder der Ansatz für den Ansatz oder so.

Ich werde weiterhin versuchen, die versteckten und offenen Wissensgeschwüre in meine Texte zu reißen.

Und jetzt nehmen Sie sich mal selber eine Zeitung, Zeitschrift oder einen Brief vom Gerichtsvollzieher und versuchen Sie, zwischen den Zeilen zu lesen.

Die Befreierin

Ist kein gutes Haar an ihr? Ich möchte es finden, aber es macht mir zuviel Mühe. Ursel sieht sympathisch aus, eine stattliche Frau, vierzig Jahre, in der Reife, wirkt sogar zeitweilig intelligent, mit katzengrünen Augen und einer etwas zu großen Nase, langen kornblonden Haaren, alle Türen ständen ihr offen – wenn sie diese nicht immer selbst öffnen würde.

Zugegeben, ihre Jugend war nicht nelkig, rosig oder lilieg. Eher kaktushaft. Die Mutter, alleinstehend, starb, als sie noch ein Kind war, die Oma wird Vormund und versorgt die Ursel allzu liebevoll. Sie dankt es der alten Dame aber nicht, schwänzt die Schule, bricht in Fischläden ein um Fische zu befreien, man wird mit ihr nicht fertig, sie kommt in ein Kinderheim.

Auch hier stiehlt sie sich davon und befreit Hühner und Gänse von Bauernhöfen im Umland. Nun kommt sie vor das Jugendgericht, es kommt zu einer Verurteilung in ein Jugengefängnis.

Am 12.10.2003 wird sie nach Bobitz, ihrer Heimatstadt, entlassen. Und so fängt ihr Leben als Erwachsener an.

Die Großmutter und ein paar Onkel helfen ihr bei der Einrichtung der Wohnung, die Möbel erbt sie von ihrer Mutter. Sie findet sogar einen Arbeitsplatz. In einer Drogerie verkauft sie allerlei Kosmetika. Da ihr bald auffällt, dass die Kosmetika an Tieren getestet wurde, wird die sympathische Ursel griesgrämig und rät ihren Kunden vom Kauf ab.
Nun folgen Ermahnungen, Verweise, strenge Verweise.

Die Kollegen reden auf sie ein, die Verwandten versuchen einzuwirken, aber die Saat geht nicht auf.

Sie will weg aus der Drogerie. Sie kündigt.

Ursel sagt vor Gericht, sie habe etwas gegen Misshandlungen gegen Lebewesen. Und sie könne nicht alles verantworten, was um sie geschieht. Sie sagt, dass jeder Mensch, der in der Lage ist Leid zu verhindern, auch einzugreifen hat. Das muss so.
Sie bricht weiter in landwirtschaftliche Objekte ein und befreit allerlei Getier. Vor nichts macht sie halt.

Bei einem Bauern befreit sie 200 000 Bienen, die daraufhin wieder zu ihren Kästen zurückkehren.

Von einem anderen Bauern kennt sie die Gewohnheit, dass er beim Melken gerne Fußtritte an die Kühe verteilt. Den Betrieb öffnet sie nachts mit einer Kneifzange, aber dann merkt sie, dass der Bauer noch da ist. Schnell treibt sie ein paar Kälber ins Freie.

Das schlimmste für den Bauern aber war, dass sie das Schloss aufgekniffen hätte, es war doch gar nicht geschlossen, war neu und blitzte wie aus Chrom. Seit diesem Tag sei es nicht mehr zu gebrauchen. Und die Kälber konnte er wieder einfangen und sowieso kuschele er nur mit ihnen und habe sie noch niemals getreten.

Sie befreit auch in Wohnungen von Bekannten und Verwandten. Bei einer guten Freundin steigt sie durch eine zerbrochene Fensterscheibe ein, Goldfische und Scheibenknutscher sind hier seine Befreiungsbeute. Die Freundin vermisst auch ein paar Kellerasseln im Keller, aber Ursel leugnet, sie genommen zu haben.

Ihre Spezialität ist es, in Tiergärten exotische Tiere freizulassen. Aus einem Zoo hat sie einen teuren Orang Utan gelassen, der daraufhin auf der Autobahn von einem Laster überrollt wurde.

Doch das völlig unverständliche, alles andere kann man noch als übertriebene Tierliebe einstufen, war die Sache mit dem Hochhaus.
Vor Gericht sagt Ursel dazu; „Hochhäuser sind Legebatterien für Menschen".

Und so hat sie zwanzig Hochhäuser menschenleer geräumt. Nach ihren Angaben haben sich die Menschen gewehrt. Sie hatte aber damit gerechnet und vorsorglich ein Luftgewehr mitgenommen.

„Manchmal muss man Lebewesen zu ihrem Glück zwingen."

Die Strafe: ein Jahr und sechs Monate Freiheitsentzug und nach Verbüßung nie wieder ein Bauernhofbesuch.

Wenn sie dann wieder Tiere oder Menschen befreit, gilt es als schweres Verbrechen, dann ist sie rückfällig und dann ist die Mindeststrafe über zwei Jahre anzusiedeln.

Vorrichten

Ein Team von 23 Hellsehern und 12 Astrologen initiiert in diesen Tagen die Weltsensation schlechthin.

Streng der esoterischen Grundregeln wurde das Management ausgewählt, an die richtigen Posten gesetzt und geschult. Gegenwärtig spielen die Kabbala eine wichtige Rolle (23 und 12), Telepathie (Interviews), Geisterbeschwörung (Historische Beiträge) und natürlich Feng Shui (Räumlichkeiten etc.).

Die Hellseher sind bekannte Größen und unter anderem wirkt auch Hexe Sandra im Hintergrund mit.

Vergessen sie die Tagesschau, vergessen sie ihre Tageszeitung und verdammt noch mal, vergessen sie Nachrichten.

Nun gibt es „Vorrichten". Der Motor Evolution entwickelte eine ganz neue Art von Neuigkeiten. Nun sind die Neuigkeiten so neu, dass sie erst geschehen werden.

Dies ist eine Vorvorausgabe. Eine Art Dummy, um etwaige spätere Werbepartner zu einer längeren Inserierung zu überzeugen.

Wir wünschen uns, dass es ein voller Erfolg wird und wünschen Ihnen nun viel Spaß beim lesen.

PS.: Dank unserer Journalisten wissen wir, dass es ein Erfolg wird, aber wenn man das schreibt, kommt man so großkotzig rüber.

Vorrichten 1/2005

Sehr geehrte Damen und Herren,

ich begrüße Sie in dieser wundertollen Zeitung. Die Buchstaben und Bildchen sind mit Wurzeltinte auf recyceltem Papier gedruckt. Jedes Exemplar wurde mit Bernsteinplatten geglättet und wenn Sie sich nun einmal die Zeitung nehmen und an die Nase drücken, werden Sie herrlichen Weihrauch schnuppern können.

All diese etwas aufwendigen Herstellungseventualitäten treiben leider den Preis ein wenig in die Höhe. Man sollte aber auch sehen, dass man ja der Mutter Gaja dafür nicht so arg wehtut und natürlich auch für sich selbst Nutzen daraus ziehen kann.

In dieser ersten Ausgabe auch gleich ein Heiland. Entschuldigung, ich meine ein Highlight. Das Medium Cassandra Kassierer hat sich in die Akashachronik (Weltgedächtnis für alles was war, ist und kommt) geklinkt und aus all den Informationen Lottozahlen für die nächsten Ziehungen herausgefiltert. Freuen Sie sich darauf und berücksichtigen Sie uns bei einem Gewinn und abonnieren Sie

„Vorrichten".

Herzliche Grüße

Johorstus von Rucksalien

Sangria krebserregend

Am 01.08.2005 wird es ein unerfreuliches Ereignis geben. Ein Supermarktmitarbeiter aus Winsen, der während der Arbeit ständig zerdepperte Sangria-Pappkartons ableckt, bekommt Prostatakrebs. Festgestellt wird es bei ihm am 12.01.2012 und das Krebs sangriaerregend ist oder anders herum, wird niemals bekannt werden. Von den richtigen Leuten wird dieser Beitrag überlesen werden.

Bei diesem Artikel denkt jemand in Hamburg, daran, dass er ganz schön lange keinen Sangria mehr getrunken hat und er überlegt, wie der denn schmeckt.

George Bush (Zukunftsstichpunkte)

Dieser großartige Mann, dieser Weltlenker wird noch ein wenig regieren. Bis er halt das eine oder andere macht, was einer nicht will, der eigentlich das sagen hat. Mehr zu den Hintermännern aber in den nächsten Ausgaben. Soviel sei aber schon einmal gesagt; Die Hintermänner trinken gerne Mixgetränke und haben keine Intimzonen.

Die folgenden Punkte gliedern so die nächsten entscheidenden Etappen des Präsidenten auf.

2005

Bush kauft sich ein Sparschwein und füttert es mit Hosenknöpfen.

Erster richtiger Horrortrip im November. Wie von Sinnen rennt er bei einer Rede gegen eine schwangere Fotografin und versucht von ihr wegzukommen, indem er sie umarmt. Die Aufnahmen werden verschwinden und die Reporter lassen ihr Leben im Pressesaal des weißen Hauses. Später wird der restlichen Presse mitgeteilt, dass die verschwunden Journalisten von Iranern als Geisel genommen wurden und dann hat man ja doch einen Grund für einen Krieg. Alles hat auch ne gute Seite.

Zu Weihnachten will er von einer Schar Kindern mit Lichtfürst angesprochen werden.

2006

Bush verschluckt er einen fremden Zehnagel.

Putin stirbt an Alkoholmangel und gibt seinen Platz an ein Rind weiter. Der Ochse war schon als Schlachtvieh deklariert worden, hatte dann aber den Einfall sich als Kandidat aufstellen zu lassen und entkam so dem ganzen Quatsch. Bei Amtseintritt ruft Bush ihn an und nennt das Rind ständig Kuh. Der dritte Weltkrieg beginnt.

Krieg wieder zuende. Hat von selber aufgehört und er gibt ein Fest für sich selber und keiner darf kommen. Warum er feiert? Weil es keine Gründe brauch um feiern zu können.

Bush verlangt von seinen Mitarbeitern die unmöglichsten Sachen. Seine Sekretärin muss ihm zweimal am Tag ein Klistier verabreichen und muss ihm dabei immer wieder sagen, was für ein toller Jagdhund er ist.

Hausverbot für zwei Tage. Bush setzt durch, dass alle Amerikaner im Monat September das Land verlassen. Er will mal so herumziehen und mal gucken, wie alle so leben.

Lottozahlen

Wäre das nicht herrlich? Ein Batzen Geld und keine Sorgen?
Hier die Möglichkeit. Für den Zeitraum 01.07.2005 – 01.07.2006
habe ich ersehen, dass die Zahl 43 einmal fallen wird.
Weiterhin gibt es davon abgesondert einmal die Zusatzzahl 8.

Der nächste Januar hat einen großen Jackpot und so wie es
aussieht, wird der Gewinner aus Bobitz kommen. Wenn Sie da
jetzt wohnen, spielen sie dann mit. Wohnen Sie da nicht, lassen
sie das sein.

--

Frankreich (05.03.2006)

In einer Großraumdisco bricht ein Feuer aus, kostet ca. 300
Menschen das Leben und wird dann von einer Dame
gelöscht, die aus Versehen einen Drink verschüttet.
Diese Dame ist sturzbetrunken und wird nach dieser Aktion ihr
Auto in eine Massenkarambolage verwickeln. Es wird Blech-
und Knochenschaden geben, aber keiner stirbt. Dann
identifiziert sich die wirre Frau in einer Pfütze immer wieder
selber. „Ja, das ist sie. Ich erkenne sie, denn das bin ich".

Kurzmeldungen:

März 2006

Weil in Belgien die Fremdenfeindlichkeit immer mehr zunimmt,
weist man alle Fremden aus.

Leergut nun wieder ohne Pfand. Man entschied sich so, weil
man bemerkt hat, dass es auch egal ist und sowieso alles den
Bach runtergeht.

August 2006

Hochschullehrerdemo. Auf den Transparenten monieren sie,
dass sie in deutschen Filmen und Serien immer ganz dolle doof

dargestellt werden. Das wollen sie nicht, sonst gibt es mal was auf die Fresse und eines sei sicher, dann gibt es mal was auf die Fresse.

Der Entfesslungskünstler Jaschahari Aklumot hat sich in einem U-Boot versenken lassen. Er wird nicht wieder auftauchen. Geld zur U-Boot-Bergung fehlt. Ein neuer Mythos. Aklumot wird zu einem neuen Elvis. „Aklumot lebt noch".

Oktober 2006

In Schwerin wird zufällig ein Gerät zur Messung der Langeweile erfunden. Man spuckt in eine Maschine und dann wird auf einer Skala angezeigt, ob man Freude an der jeweiligen Sache hat oder sie einem am Arsch vorbeigeht. Polizisten werden dieses Gerät später im Streifendienst benutzen. (Anmerkung der Redaktion: Wie und warum die Polizei das Gerät benutzt bleibt unklar)

Kondome ade. Eine neue Erfindung revolutioniert sich durch die Betten. Ein Stöpsel für die Penisritze. Das gleiche Gefühl, aber keine Krankheit. Super.

Man fängt an, die Farbe lila abzuschaffen. Grund: Langeweile.

In den nächsten Monaten:

Erdbeben in: San Francisco, Teheran, Oshian, Kampateln

Überschwemmungen in: Köln, Dresden, Bobitz, Südchina, Nordpolen

Katastrophen: Ohio, Saarbrücken, Linz, Mazedonien, Jordanien, Mosambik

----

Sehr geehrte Damen und Herren,

wo ein Vorwort ist, ist ein Nachwort nicht weit. Diese Zeitung ist die erste Zeitung, in der es auch ein Nachwort gibt. Hier kann man dann stets noch mal alles Revue passieren lassen.

Beim Gebrauch dieser Tageszeitung ist es wichtig, dass man die Exemplare aufhebt. Jährlich werden auch Kalender rausgegeben werden, aber was am Tage in der Zeitung steht, haben die Hellseher gesehen und die Astrologen in der Nacht vorher errechnet.

Sie können schwer beeinflussen, welche Zeiten ihnen zugetragen werden. Der Bushartikel benötigte viele Monate Konzentration und Meditation. Harte Arbeit, die sie erst ersehen, wenn alles zugetroffen ist.

So und nun muss ich aufhören, denn mein privater Vorzimmerhellseher hat gerade gesagt, dass ich aufhören sollte,w eil ich sonst eh nur dumme Sachen schreiben würde.

Ich höre auf ihn.

Lieben Gruß

Johorstus von Rucksalien

Liebt sie mich oder liebt sie sich mehr?

Sie will, dass ich ihr zeige, was Zärtlichkeit ist. Sie sagt, dass es sie zu sehr anstrengt Berührungen zu geben und ihr davon die Hände wehtun. Das müsste ich einfach verstehen und vielleicht kommt das mit der Zeit ja noch. Man weiß es nicht. Sie mag es, wenn ich sie berühre, lässt sich am ganzen Körper massieren, einölen und eincremen und wenn ich dann daliege und mich gegen ihre Hände rekele passiert nichts. Manchmal stupst sie mich dann aus Pflichtbewusstsein an oder lässt für einige Millisekunden die Hand auf mir liegen. In solchen Momenten finde ich es sehr schade, dass man sich nicht selbst so berühren kann wie eine „richtige" Frau es tut.
Sexueller Kontakt mit ist, ist auch nicht gerade warm. Sie will ihre Lust herauslassen und alles andere ist ihr egal. Auch hier ist keine Zärtlichkeit zu spüren. Mittlerweile verzichte ich darauf, weil mich diese Plumpheit ankotzt. Wenn ich es mir selber mache, dauert es wenigstens nicht so lange und ich brauch nicht auf sie achten. Sie tut es ja auch nicht.
Sie weiß sicher nicht einmal, wo ich fernab jeder Erregung gerne angefasst werde? Also ich meine irgendeine Stelle, die ich ihr nicht verraten habe?

Manchmal bereue ich meine Liebe. Doch man kann nichts dagegen machen. Man kann nicht aufhören damit und vielleicht ist es diese Distanz die ich überlieben will. Das hört sich für mich plausibel an und sehr traurig.
Auf die Frage, warum sie mich liebt, hat sie nichts zu sagen oder sie überlegt ein paar Nillionen Jahre. Nillionen ist übrigens kein Schreibfehler. Das ist eine Zahlgruppierung nach Unendlich.

Ich bin mit der altmodischen Vorstellung behaftet, dass man Zärtlichkeit einfach nicht lernen brauch. Das es tief von innen kommt und einfach herauswill, wenn man einen Menschen liebt. Das ist genau das Gleiche wie ein Schlag. Der Unterschied ist nur, dass man schlägt, wenn man wütend ist und zärtlich ist, sich berührt, wenn man liebt.
Sie kann mich schlagen, wenn sie wütend ist. Ja, das kann sie gut. Ihre Wut scheint intensiv genug zu sein für so eine Berührung. Ihre Liebe wohl nicht.

Wurde ich zu sehr von anderen Frauen verwöhnt? Mir ist bewusst, dass es nicht gerade eine feine Art ist so etwas zu vergleichen, aber in meinen zahlreichen Beziehungen habe ich diese Sehnsucht nie gespürt. Man hat gerne mit mir gekuschelt. Wir haben gekuschelt und wenn sie sagt, wir wollen kuscheln heißt das, ich soll sie kuscheln. Ach ja, oder sie fasst meinen Penis an und es läuft auf das Eine hinaus. Kuscheln ist übrigens nicht gleich Sex. Ich will nicht das zurück, was ich ihr gebe. Ich will nur spüren, dass sie mich liebt. Das wird aber nie möglich sein.

Und letztendlich bin ich daran dann Schuld, weil ich ihr gesagt habe, dass ich es so vermisse. Dadurch setze ich sie unter Druck.

Sie hat einmal gesagt, dass sie dachte, mich nie bekommen zu können. Jetzt hat sie mich und weiß es gar nicht zu schätzen.

Ich hab mir mal aus Quatsch ihren ersten Brief an mich durchgelesen. Der Schlusssatz darin lautet:

„Und das allerschönste ist, dass das endlich meine kleine, heile Welt ist, die ich mir immer gewünscht habe."

Nicht unsere?

Und in dem Brief geht es nur um sie und das sie so froh ist mich endlich zu haben. Ich hab mir auch nicht extra irgendwas rausgepickt. Der Brief/die Briefe sind voll von solchen Sachen.

Mal schauen, was dafür spricht, dass Du mich wirklich liebst.

Pro (Sie liebt mich) :

Sie sagt es mir oft.

Sie ist manchmal eifersüchtig.

Contra: (Sie liebt mich nicht) :

Ich nerv sie sehr oft mit dem was ich tue und sage. „Ja, es

reicht ja jetzt auch".

Das sie sich nicht mit mir beschäftigst. Sie interessiert nichts an mir. Sie fragt nie etwas nach. Nur wenn es in irgendeinem Punkt auch um sie gehen könnte. Sie beschäftigt mich hingegen jeden Tag. Das sieht man an all den Gedichten, die ich für sie geschrieben habe.

In den ersten Briefen hat sie ständig geschrieben, dass sie nie gedacht hätte, das Blätter so lang sein können und so weiter. Alles was sie mir von sich gegeben hat, hat ihr immer Mühe bereitet. Das ist ganz schön beschissen, wenn man das weiß.

Sie hat mir gesagt, dass sie keinen ihrer früheren Männer je geliebt hat. Hat sie schon mal geliebt? Und wenn nicht, warum ich?

Die fehlende Zärtlichkeit.

Sie küsst mich fast nie.

Mir kommt es vor, als wenn es ihr durchaus mit mir gefällt. Sie ist gerne mit mir zusammen, aber irgendwie mehr auch nicht. Am Anfang hab ich gedacht, dass uns ganz viel verbindet. Das wir uns sehr ähneln und gleich denken und fühlen. Jetzt merk ich immer mehr, dass wir eigentlich total verschieden sind. Wir waren uns wohl eher gleich in der Sehnsucht nach einer glücklichen Beziehung. Ich lieb sie halt jetzt aber total und dieses Wissen kann das auch nicht mehr kaputtmachen.

Jeder Leser dieses Textes würde jetzt schon wissen, dass sie mich einfach nicht liebt. Ich erahne es und nur weil ich es nicht wahrhaben will, weiß ich es noch nicht.

Bei der nächsten Kanzlerin

Jetzt ist in NRW die unvergängliche CDU einmarschiert und hat die alten SPD-Posten besetzt. So, wie es auch sein soll. Ändern wird sich an der Situation nur für die Regierenden etwas und natürlich für die, die es nun nicht mehr tun. An der Qualität der Regierung wird sich dadurch nichts tun.
Für mich persönlich ist die CDU auch nur besser, weil ich seit 1996 Mitglied bin und mir dadurch irgendwas erhoffe. Ich weiß zwar nicht was, aber es wird sich schon bei Gelegenheit was finden.

Eine Begegnung mit einem betrunkenem Dortmunder in einem Schweriner Cafe brachte ein nettes Gespräch. Er war meiner Meinung, der obigen und erzählte, dass er stets ganz kleine Parteien wähle. So sei er an nichts Schuld und sowieso.

Und bei Wählen fällt mir gleich Big Brother ein. Die Zuschauer können bei diesem Entertainment ja auch wählen. Leute aus einem Dorf heraus. Ungeliebte Zeitgenossen werden da einfach durch Anrufe vom Rampenlicht ins Zwielicht befördert. Geht ganz schnell und schmerzlos. Nur ein paar Tränen kullern und bislang hat sich keiner von denen ermordet.

Dies ist ein schönes System und man sollte es in die Politik einführen. Am besten für alle Ämter. Vom klitzekleinen Stadtvertreter bis zum Bundespräsidenten.
Warum eigentlich nur alle paar Jahre neue Wahlen? Damit man nach einem halben Jahr zuschauen kann, wie das Land bis zur nächsten Wahlperiode noch mehr in der Scheiße versinkt?
Gut, wir haben gelernt und wissen, dass es eh in der Scheiße versinkt, weil die Menschen nur reden und nichts machen, so wie wir gerade, aber vielleicht wäre das mit den Wahlen ja die erste Änderung. Das Volk würde sich auch wieder für Wahlen interessieren, weil es seine Macht spüren würde.
Mit diesem Big-Brother-Prinzip könnte man dann jede Woche die Flachpfeifen bestätigen oder abwählen. Das bringt auch ein wenig Energie in die da oben und Volksvertreter würden sich anstrengen, weil sie ja wüssten, dass sie ansonsten jede Woche vom Thron fallen könnten. Das würde einiges ändern.
Bisher bin ich in den Gedanken auch über keine einzige negative Seiten des Ganzen gestolpert.
Gut, Bush müsste sich dann im Höchstfall jede Woche mit

einem neuen Bundeskanzler konsultieren, aber das soll uns ja nicht weiter interessieren. Außerdem ist es äußerst fraglich, ob er Schröder erkennen würde, wenn ihm nicht vorher gesagt würde, wem er da gleich die Hand schüttelt.

Der Dortmunder meinte noch, es sollte hier mal so was los sein wie in Frankreich wo Millionen auf die Straße gehen. Da hab ich natürlich gesagt, dass bei uns auch Millionen auf die Straße gehen, aber nur um irgend woanders hinzukommen.
Diesen kleinen Gag nahm er gar nicht wahr.

Man brauch aber wirklich nicht auf die Straße gehen. Wozu auch? Die Plakate kann man sich auch sparen. Die bewirken nur Muskelkater und Holz-, und Papiermüll. Ich glaube kaum, dass die Politiker da irgendwo versteckt stehen und sich all die Schriftzüge durchlesen. Da gibt es sicher auch keine parteifinanzierten Hilfsleute, die sich die Parolen in kleine Bücher schreiben und dann an ihre Auftragsgeber weitergeben. Und dann schaut sich das ganze Bundeskanzleramt dieses Buch an, weint bitterlich und wird etwas ändern. Quatsch. Mit viel Glück landet so eine Transparentaufschrift ganz kurz in der Tagesschau und springt tatsächlich irgendeinem Politiker ins Gehirn. Nützt aber auch nichts, weil es da sofort gelöscht wird.

In Sachsen streiken gerade ein paar Lehrer gegen Lohnkürzungen und sind mit ihren Schülern auf die Plätze gegangen. Natürlich wird das keine Wirkung erzielen. Sie hätten auch genauso gut einen Tierpark in Brand setzen können. Wobei das wahrscheinlich passender gewesen wäre. Ich hab das im Fernsehen genau betrachtet. Also diese Demonstrationen in Dresden, Chemnitz und Arschloch. (Ab heute werde ich für jedes Wort, dass mir nicht einfällt einfach Arschloch schreiben) Was mir aufgefallen ist, war, dass da mehr Schüler als Lehrer waren.
Was wollen die eigentlich da? Werden die benutzt? Haben die was davon? Gut, denkt man weiter, landet man bei Personalabbau und weniger Lehrer für mehr Schüler, aber ich hab mich damals immer sehr über Stundenausfall gefreut. Die Schüler streiken also für mehr Stunden, weniger Ausfall und dafür, dass die Lehrer mehr Geld bekommen. Ob die das alle wissen? Vielleicht müssen die aber auch mit, weil es ansonsten Sechsen in das Sozialkundefach hagelt.

Übrigens wäre das total beschissen. Also ich meine, wenn

98

Zensuren wirklich hageln würden. Ich stelle mir vor, wie eine
Klasse in einem Raum sitzt, gerade Unterricht hält und es
draußen auf einmal anfängt zu hageln. Alle schrecken auf,
schauen von den Büchern auf und die Lehrerin flüstert leise.
„Was ist es? Normaler Hagel?". Dabei schaut sie die Schüler an
den Fenstern durchdringend an. „Was ist es?" fragt sich noch
einmal. Sophia mit Dreierdurchschnitt bekommt ganz große
Augen, sieht gerade wie eine Sechs vom Fahrradschuppen in
eine Pfütze voller Zensuren fällt. „Zensurenhagel" schreit sie
dann, als sie sich wieder gefasst hat und alle springen von
ihren Stühlen. Doch zu spät. Der Hagel ist durch die Wände
gedrungen und verschiedene Zensuren legen sich auf die
Hefte und ins Notenheft der Lehrerin. Tumult in der ganzen
Schule, Stimmengewirr und alle rennen wie von Sinnen hin und
her. Nur Thomas sitzt gelangweilt da. Er hat in jedem Fach ne
Sechs und kann von dieser Wettereinlage nur profitieren. Dann
beruhigt sich das Wetter.
Es kehrt Ruhe ein, man besieht sich sein Heft, die Lehrerin
blättert ungläubig in den Noten und dann geht das Geheule
los. Leider sind die guten Zensuren nämlich sehr rar. Meist
hagelt es nur Sechsen oder Fünfen.

Die SPD hat auf die Wahlniederlage (NRW) schnell reagiert,
der Bundeskanzler hat gleich Arschloch und Arschloch
angerufen, sich gedacht, jetzt ist auch egal und nun soll es im
Herbst eine Neuwahl geben. Also eine Bundeskanzlerwahl.
Super. Dann kann man ja gleich dieses neue
Wochenwahlding mit einbeziehen.

Für die CDU tritt Angela Merkel an. Die gute Frau mit den
hundert verschiedenen Frisuren. Jene Frau aus dem Osten
dessen Mundwinkel stets zur Hölle zeigen. Es ist die, die
schönsten Farben im gesamten Politikzirkus trägt. Hiermit
sympathisiert sie gekonnt mit den meisten und besten
Wählern. Mit den Rentnern. Es gibt im Moment und das wird
sich zur nächsten Seuche nicht ändern, mehr ältere als jüngere
Menschen. Also ist es sehr wichtig, gerade bei dieser
Gruppierung gut anzukommen. Die 18-28 Jährigen gehen
sowieso nicht wählen. Außer sie bekommen da umsonst Bier,
Chromfelgen oder Premiereabos.

Gerhard Schröder wird das Bundeskanzlertor verteidigen.
Doch bei ihm ist die Luft raus. Er kommt beim Volk nicht mehr
so gut an. Es werden die ganzen Neu-Arbeitslosen sein oder
die Alt-Arbeitslosen aber Neu-Hartzempfänger sein, die ihm

das Rückrat brechen werden. Dabei hat er doch wirklich sehr darauf geachtet, dass es nicht Schröder 4 heißt. Auf jeden Fall wird er gehen müssen und wahrscheinlich ist ihm diese Einsicht äußerst peinlich und er hat sich gedacht, dann lieber vorher schon gehen und ne Imbissbude in Nizza aufmachen. Mit ganz viel PiPaPo und Doris kann sich immer sonnen.

Gerade frage ich mich, ob Schröder direkt Kohl abgelöst hat oder da noch irgendwer anders dazwischen war.
Doch wer könnte das gewesen sein? Frank Buntspecht der es durchgesetzt hat, dass Kampfhunde nun präpariert und dann eingeschläfert werden. Natürlich in dieser Reihenfolge.
Oder war es der eventuelle Bundeskanzler Karl Heinz Koschenampel. Ein magischer Wundermann, der gegen die Kriminalität zu Felde zog und dann selbst ins Gefängnis musste, weil er sich selbst angezeigt hatte. Der Grund war, dass es äußerst verboten war einen Kanzler anzuzeigen und dann war bei ihm halt Schluss mit lustig.

Nein, da war kein anderer Kanzler und der nächste wird eine Kanzlerin. Hoffentlich eine, bei der dieser Text dann angewandt wird. Ich werde ihn zu den CDU-, und JU-Geschäftsstellen senden und darauf pochen, dass diese Big-Brother-Systematik auch bei dem nächsten Kanzler angewandt wird.

Und nicht nur die wöchentliche Abwahl soll da berücksichtigt werden. Nein, ich fordere im Namen aller Deutschen auch eine Kameraüberwachung 24 Stunden lang. So gibt es dann auch keine Spendengeldskandale und/oder andere Anstöße. Freizeit hat kein Kanzler und keine Kanzlerin zu haben und sollte sie/er sie trotzdem nutzen und das Volk schaut zu, wird es ihn/sie nur um so beliebter machen.

Würde es erst einmal eine Wahl geben, in der es darum geht eine wöchentliche Wahl einzuführen würde das Volk sowieso „ja" schreien.

Oder was meinen Sie?

Spuk auf dem Kinderspielplatz

Das Klettergerüst auf dem Spielplatz in Bobitz ist ein
unscheinbares Sammelsurium aus bunten Stangen. Niemand
würde an dieser Gerätschaft etwas merkwürdiges vermuten.
Doch in und auf diesem Gerüst verschwinden spurlos Kinder.
Kinder jeden Alters und sie werden niemals mehr gesehen.

Die Regionalzeitung titelte; „Dies ist das größte Geheimnis
Deutschlands".

Es gibt für die zahlreichen Vorfälle keine ausreichende
rationale Erklärung. Fachleute tappen im Dunkeln.

Die Anzahl der Kinder, die auf diese Weise verschwanden, ist
alarmierend hoch. Schon jetzt fehlt jedes 3. Kind in der
Kleinstadt. Irgendeine unsichtbare Kraft ist hier am Werk.

Schauen wir einmal auf ein paar Fälle:

Die 6jährige Hanna soll an einem Junitag zum Spielplatz
losgegangen sein. Als sie spät in der Nacht immer noch nicht
in den heimatlichen Hof zurückgekehrt war ging man zum
Spielplatz und fand dort ihre Brille unter dem Gerüst im Sand.
Diese Brille zeigte deutliche Kratzspuren und war mit einem
Male magnetisch. Allerdings war etwas anderes viel
merkwürdiger. Irgendwas, irgendwer oder weiß Gott was,
hatte ein Glas entfernt und durch Klarsichtfolie ersetzt.
Die hinzugezogenen Polizeibeamten gingen vom schlimmsten
aus und ließen das Gelände weiträumig durchkämmen.
Nichts. Es wurde nichts verdächtiges gefunden.

Der 12jährige Joachim ist 2004 nach einem seltsamen
Telefonat mit seinen Eltern verschwunden sein. Gerade
erkundigte er sich noch, was es denn zu essen gäbe, erzählte
das er auf dem Spielplatz sei und dann zerbrach die
Verbindung und man fand weder Joachim, noch sein Handy.
Die Mutter des Jungen will im Hintergrund noch so was wie ein
schrilles Fiepen vernommen haben, bevor es im Hörer still
wurde.

Die Erklärungen für diese unglaublichen Vorfälle reichen weit,
sind mal logisch und dann wieder völlig an den Haaren

herbeigezogen.

Die Bildzeitung in Rostock schrieb zum Beilspiel:

„Genialer Serientäter in Bobitz

So kann auch ein Kindermörder in der Stadt leben und vielleicht führt ein Tunnel von seinem Keller direkt unter die Stangen und jedes Kind, dass fällt, fällt in einen Schacht, der sich blitzschnell wieder schließt. Der Mörder könnte Schlosser oder Tischler sein."

Die Anwohner um diesen Spielplatz wollen fliegende Scheiben gesehen haben. Manche haben so gedröhnt, dass die Sammeltassen im Schrank geklirrt haben und natürlich sind sie gelandet.
Bei „Explosiv" zeigt eine Hartz 4-Empfängerin auf eine Stelle zwischen Schaukel und Gerüst und bezeichnet eine plattgetrampelte Stelle als vermeintlichen Landeplatz.

„Die Außerirdischen holen sich hier ihr Futter ab. Die fressen Kinder. Ja, da kennen die nichts"

Dann schaut sie in die Kamera, klimpert mit den Augen, nur Heinzi weiß, dass er auf diese Weise gegrüßt wird und sie bekommt ihre 300 Euro Erklärungslohn. Was sie gesagt hat, hat sie von einer Tafel abgelesen.

Psi-Wissenschaftler campen in der Nähe und überwachen den Spielplatz jede Sekunde hindurch. Mit Nachtsichtgeräten, Infrarotfeldern und jede Menge Kaffe sitzen, liegen und stehen sie und beobachten.
Trotzdem sind während ihrer Arbeit 6 Kinder verschwunden. „Es ist totaler Wahnsinn", weiß Andreas Frasselsch zu berichten „Ich hab selbst mit eigenen Augen gesehen, wie ein Kind von Stange 3.4 auf Querverbindung 6 stieg und dann verschwand."

Längst hat man das Gerüst ausgewechselt und erneuern lassen. Das macht man jetzt jede Woche so und doch bleibt alles beim Alten. Die Mütter klagen die Regierung an. Die Politiker sollen doch den Spielplatz sperren lassen. Die haben aber gar keine Lust und wollen sich nicht dem Nichtwissen beugen. Diese Sache soll erforscht werden und das geht nun mal nicht ohne, dass Kinder verschwinden. Denn erst wenn genug Kinder verschwinden, man genug Vergleichsmaterial hat, kann man diesen Wahnsinn stoppen.

Die Punks beim Brunnen philosophieren über schreckliche Sandwürmer, die sich die Kinder mit in die Tiefe reißen. Beim Bäcker ist von einer riesigen Verschwörung die Rede und im kleinen Friseursalon weiß man ganz sicher, dass, das alles nur Gerede ist und die Familien der verlorenen Kinder davon ablenken wollen, dass sie Hexen sind.

In allem sind sich aber alle einig. Irgendwas unheimliches geht in Bobitz vor. Und es gibt mehr zwischen Schulweisheit und Aberglauben.

Vielleicht hat sich das Bermuda-Dreieck verlagert, vielleicht werden die Kinder mit einem Mal unsichtbar und liegen alle in ihren Betten, gehen zur Schule und verstehen die ganze Aufregung nicht. Wer weiß, wer weiß.........

Kareleni

Mit einem Stück Seife spricht sie zu ihrer wunderschönen Haut:
„Werde sauber vermaledeite Haut, auf dass sich keine
Schmutzherde ergeben und Infektionen auslösen von denen
dann im Enddefekt vielleicht Herpesviecher profitieren."

Nee, nee auf Herpes hat sie nun wenig Bock. Was sie daran
am meisten hasst, ist nicht, sie zu haben, sondern sie zu
bekommen. Dieses verdächtige Kribbeln, dass sie mit Labello
und Creme versucht zu betäuben. Dieses in der Nacht
einschlafen und den letzten Gedanken der Herpesfurcht zu
schenken.
Mit den Blicken kann sie gut leben und sie weiß, wenn man
nicht daran fummelt, geht es wieder weg. Fasst man an, wird
es noch schlimmer.

„Das ist wie mit Pickeln. Drückt man ihnen herum und lässt sie
nicht in Ruhe blühen, werden daraus hartnäckige
Unkrautstellen die ein ganzes Gesicht in einen Talgschrottplatz
verwandeln können."

Doch dies soll nur ein kleiner Zwischeneinblick sein. Eigentlich
sollte erzählt werden, warum Sie heute in der Wanne liegt und
nicht auf der Arbeit ist. Sie arbeitet nämlich am Bahnhof beim
Brötchenstand und gibt Cafe und Brot aus. Manchmal auch
Kaugummis, die liegen gleich bei der Kasse. Schulkinder, die
mit den Zügen aus den Vororten kommen nehmen gerne
Hubba-Bubba.
Sie, die auch einen Namen hat – Karaleni, sagt immer;

„Sag mir die Kaugummimarke und ich sag Dir, wie alt der
Kauer ist."

Das würde natürlich nicht immer klappen, aber es testet ja
niemand diese Behauptung.

Hat der Name Karaleni sie verwundert? Ja, aber nicht nur sie.
Sogar die Eltern waren überrascht nachdem sie nach dem
Rausch wieder aufwachten.

„Aber sie sollte doch Caroline heißen. Sie wie Fürstin Caroline
von Turn und Taxis."

104

Die Krankenschwester konnte aber nichts mehr machen, berichtigte die Eltern noch kurz in Adelskunde und gab dann die Geburtsurkunde aus.

„Karaleni Pesspatten"

Vielleicht hätte man es lassen sollen. Also ich meine das mit der Alkoholgeburt. Doch die Mutter hatte im 8. Monat ein schönes Buch in die Hand bekommen. „Alternative Heilmethoden". Und darin stand, dass Alkohol bei Verabreichung der ersten Wehen förderlicher wäre als schadhaft. Er öffne den Muttermund und verringere das Schmerzempfinden. Und so geschah es, dass Mutter und Vater total betrunken waren und nicht mehr viel mitbekamen. Auch konnten sie dem Arzt und den Schwestern nicht mehr flüssig sagen, wie denn das Kind heißen soll.

Heraus kam „Karaleni".

Vor zwei Tagen und einem zerquetschtem bediente sie einen Streuselkuchenkunden. Er war besonders nett und gab sogar 50 Cent Trinkgeld. Mit einem Lächeln ging er und bedauerte, dass er nicht länger bleiben könne. Er habe Geschäftstermine im Nahen Osten. Als sie daraufhin fragte:

„Im Nahen Osten? Dann wollen sie sicher zum Flughafen?"

antwortete er:

„Nein, in den nahen Osten dieser Stadt. Deswegen ja nah. Ich bin Vertreter für Schreibmaschinenpapier. Ich hab da einen Kunden. Bis dann."

Sein Gesicht behielt sie, bis in den Abend hinein, fest im Kopf und das war etwas besonderes, weil ja so viele Kunden pro Tag kamen. Jede kleine Bewegung hatte sie in ihrem Köpfchen gespeichert, seine Lippen wenn er spricht und seine schönen tiefen Augen. Sie träumte und fühlte sich irgendwie zu 0,7 % verliebt. Sie wusste, dass er ein Weg in die Liebe sein könnte und was macht Frau da, wenn sie so ein Gefühl hat? Sie brauch das noch mal bestätigt und will es jemandem erzählen und weil es neben dem Sorgentelefon kein Freudetelefon gibt ruft sie ihre Freundin an. Übrigens ein kleines bummeliges Ding, dass sich durch ihre Lustigkeit versucht auszugleichen. Also ihre Nichtschönheit zu kompensieren.

„Franka?"

„Ja, ähh..wer ist denn da."

„Hier ist Karaleni. Hast Du schon geschlafen?"

„Schau mal bitte auf die Uhr. Ich muss morgen früh raus und Du auch. Was ist denn los?"

„Du ich glaub, ich bin zu 0,7 % verliebt!"

„Das freut mich für Dich. Bis morgen"

Am nächsten Tag erzählte sie ihrer Kollegin dann den Rest und dabei strahlte sie wie nichts. Den ganzen Tag hindurch hatte sie gute Laune und das änderte sich erst, als der Gedanke kam:

„Was soll ich denn nun mit diesem Verliebtsein anfangen? Ich weiß ja noch nicht mal, ob ich ihn wiedertreffe, ob er hier noch mal auf dem Bahnhof ist"

Und da hatte sie auf einmal 1,4 % Liebeskummer. Das ist die Rechnung des Lebens. Die Kraft des Liebesschmerzes, also Liebeskummers, ist doppelt so stark wie die Liebe. Könnte man für seine Liebe sein Leben geben, wird man bei der Trennung zweimal sterben.

Beim Cafeausschenken goss sie jedes Mal daneben, weil sie in den Menschenmassen nach seinem Haar, Gesicht, Körper und Gang forschte. Doch er kam und kam nicht.

Kurz vor Feierabend fiel es ihr dann wie Brötchen von den Augen. Es gab eine Möglichkeit ihn zu finden. Er hatte eine Fährte gelegt, an die sie gar nicht gedacht hatte. Mensch, hatte er nicht gesagt, dass er als Vertriebsmitarbeiter für eine Schreibmaschinenpapierfirma arbeitet? Das war es! Aus den hängenden Mundwinkeln wurden augenblicklich aufgerichtete und hurtig lief sie rüber zum Zeitschriftenladen und lieh sich dort die „Gelben Seiten" aus.

Wo sollte man jetzt hinschlagen nach dem aufschlagen? Unter Schreibmaschinen fand sie nichts. Den Treffer machte sie bei Papierfabrik. Das klang verheißungsvoll. Sie schrieb sich die Nummer heraus und machte Feierabend.

Ihr Kopf glühte wie ein heißgelaufener Mähdrescher im Sommer. Als sie von zuhause die Nummer wählte zitterten ihre Beine, ihr Puls raste immer mehr ins Plus und sie fühlte auf der imaginären Verliebtseinsskala hatten sich ein paar Prozentchen mehr aufgeschwungen. Das leichte Kribbeln im Bauch war ein gutes Anzeichen für die 15%-Marke.

Es tutete, klingelte, bimmelte aber keiner hörte es. Sie schaute auf die Uhr. Na klar, da arbeitet keiner mehr. Trotzdem wählte sie noch einmal, nachdem sie aufgelegt und erneut wieder abgenommen hatte. Ihr Instinkt leitete dieses Drücken im Kopf ein.
Eine unterbewusste Stimme sagte so was wie;

„Warum nicht noch mal anrufen? Kann ja nichts schaden und von anklingeln kann man nicht arm werden. Außerdem hat er Dir doch 50 Cent Trinkgeld gegeben. Was machen da ein paar Anrufe. Auch wenn der Anrufbeantworter rangeht. Los, versuch es noch mal."

Und jemand ging ran. Es war der Pförtner des Hauses.

„Ick bin noch keene 5 Minütchen nicht weg, da rufen se an. Watn los?"

Sie fing dem fremden Mann an alles zu erzählen und er hörte zu. Interessierte sich auch. Alles lief super.

„Wie heest er denn? Vielleecht kann ick über meinigen Schatten springen und ihnen mal die Nummer aus der Personalabteilung stibitzen!"

„Wie er heißt, weiß ich nicht, aber er ist im Vertrieb tätig."

Mit diesen raren Informationen, schaltete er sie in die Warteschleife, legte auf, wechselte den Raum und nahm wieder ab.

„In welchem Vertrieb denn? Zeitungspapier?"

107

„Nein. Schreibmaschinenpapier!"

„Mh. Det ist hier jarnich aufgeführt. Sind se sicher, det sie hier richtig sind?"

Karaleni legte auf und fiel im selben Moment in eine tiefe Ohnmacht. Der Körper schützte so ihren Geist. Sie war völlig fertig, aufgelöst, fast nicht mehr da und brauchte den Schlaf.

Am nächsten Tag fand sie sich im Flur und es war wirklich ein Selbstfinden, denn sie lag mit ihrem Kopf genau vor dem Flurspiegel und an ihrem Ohr lag noch der Hörer. Zuallererst dachte sie, sie sei im Bett und wollte sich grad selbst „Guten Morgen" wünschen. Der Blick auf den Hörer brachte aber alles zurück und ihr Herz fing auf einmal total arg zu tuckern an. Auch blieb die Luft weg.
Wie sollte sie ihn finden? Was sollte sie mit einem Leben anfangen ohne ihn? War das noch Verliebtsein? Das kann doch nicht möglich sein. Es ist die Liebe meines Lebens und ich finde ihn nicht wieder.

Und so ging sie nicht zur Arbeit, sitzt jetzt in der Badewanne und wird nach dem Einseifen das Radio benutzen. Es steht schon am Rand und wird sich gleich in die Tiefe stürzen, draufgehen und Karaleni mitnehmen.

Im Flur liegt ein Zettel.

„Auf meinem Grabstein soll stehen. Mit 100% Liebe alles erreicht was ich wollte."

Tragikextra:

Die Vertriebsfirma in der, der Mann arbeitet befindet sich im gleichen Haus. Man hat nur noch kein Schild anbringen lassen, weil gesuchter Mann es verschludert hat. Er musste immerzu an die Kleine vom Bahnhofsbäcker denken und konnte dafür keine klaren Gedanken fassen. Als die Totenscheinverschenker sie nach unten tragen geht er an ihr vorbei und weiß gar nichts.